tokyo
gentle
moments

明太子小姐

東京溫柔時光

ドン・キホーテ
カラオケパセラ

目錄

カステラ

拍攝／megumi tsai

自序

關於東京的溫柔

豆豆的暑假開始了。

今天起床先是幫豆豆做了暑期安親班的便當，在便當上下側都放了保冰袋。接著洗衣服、準備早餐、確認了全家的今日代辦事項，以及週末豆豆的足球隊週末訓練需要的各種物品。在豆豆的書包內放入暑假作業，在巷口和他揮別。

一切都好像是那麼的理所當然，理所當然到我甚至忘了自己曾經（或者現在）也是個異鄉人。

二〇二三年的陽光比我剛來到東京的二〇一一年夏天還要炙熱許多，轉眼間，在這個城市已經生活了十二年的時間。回放這十二年的回憶片段，有那個懷抱著新鮮感沿站下車探索東京的我、那個冷眼觀察這個都市的我、那個思考著如何在這個城市自處的我，也有那個因為陌生人的微笑擁抱而再次充滿力量的我。也有如今經歷過了許多挫折碰撞，而從那些擦撞的傷口長出一點點溫柔，開始能用更溫柔的眼光去看待東京的我。

在《東京溫柔時光》這本書裡面，搜集了許多我在東京遇見的溫柔人事物。裡面包含了我喜歡的溫柔氣味、麵包店現烤麵包出爐的氣味、下了雨的江之島石板路的氣味、日本橋的濃濃醬油味、豆皮壽司獨有的甜甜香氣、神樂坂的神祕香譜課、《源氏物語》裡的薰香遊戲，也有好多我喜歡的溫柔顏色和光線，東京人隨著四季樣貌展現的穿搭、老舊喫茶店的花朵燈罩、日比谷公園的咖啡店窗邊、森林列車的繽紛坐墊。

除了這些，也有部分紀錄，是關於我在東京遇見的人，以及與他們共度的時光。

還記得剛搬來東京如同「轉學生」的我，曾經一度帶著害怕、不理解，因為沒有自信而充滿敵意懷疑、刻意保持高傲的態度。然而，在這個城市遇見的人們，仍然願意給予我滿滿的溫暖善意，並且給了我擁抱、包容，以及看待生活的全新視角。

回想起下雨天的路口幫我撐傘的老奶奶、給我溫暖擁抱的媽媽朋友們、總是讓我可以安心去工作的幼兒園老師們，還有每天對我微笑的東京家人，讓我領悟到，就算再平淡的每一天，都不會是理所當然的。也驚覺自己曾經對東京抱持著「冷漠」的誤解，其實只是對溫柔的定義貧乏，以及對他人生活的疲累缺乏同理。

這幾年，我迷上研究味噌湯和飯糰，也嚐試著自己動手做。看似平凡的味噌湯和飯糰，若沒有細心品嚐，其實不會明白簡單的美味中，藏著的是費心烹調的高湯、講究的米飯與捏法力道。我也了解到，唯有帶著隨時感謝的心意來細細看待東京這座城市，才能看見它獨一無二的溫柔樣貌。

我把這些不經意地遇見的「東京溫柔樣貌」，透過氣味、聲音、顏色和各種感覺，都記錄在《東京溫柔時光》這本書裡了。謝謝這些溫

柔讓我的心變得更加柔軟豐富，也謝謝溫柔的你願意花一本書的時間，
聽我說說關於東京這些那些溫柔的故事。

01

東京的氣味

來到東京之後，我變成一個對於氣味敏感的人，因為這個城市裡的人們很熱衷於談論氣味這件事。

走進美髮院，我說：「這個洗髮精的香味好棒啊！」

「這品牌來自義大利的小島喔，有沒有覺得閉上眼睛就變得慵懶起來，感覺到暖陽和海風迎面而來？」幫我洗頭的美髮師說。

「真的！這是陽光普照的小島氣味。」

在陰天時拜訪了焙茶專賣店，店員問：「今天想要喝什麼樣的茶呢？」

「可以請妳推薦嗎？」

她看了一下窗外烏雲密布，即將下雨的天色，說：「那我幫妳選一個陰雨天喝起來也好喝的茶吧！」

這句話在當時的我聽起來覺得很不可思議，原來天氣和濕度會如此影響氣味，後來才知道，日本有句諺語叫做「如果早上的茶特別好喝，表示今天會是好天氣。（朝のお茶が特に美味しければ、今日は天気が良いということになります。）」意指著在氣溫偏低、乾燥的日子，茶喝起來會特別美味。

在日本橋長大的公公也時常說：「只要有醬油的香氣，就讓我感到很安心，所以我連出門旅行都會帶著小瓶醬油。」

每次從日本橋站下車，我都會想起他說的這句話。這一帶有許多和食老鋪、親子丼料亭、炸天婦羅店、仙貝專賣店、鰻魚店林立，空氣中飄散著各式各樣的醬油香味，讓人聞到忍不住肚子就餓了起來。

「原來這就是日本橋的氣味！」

在公園，媽媽們也時常談論著氣味。

「啊！聞到這個味道就知道夏天來了！」

「好喜歡春天特有的花香啊！」

我也從一開始被秋天街道上的銀杏氣味嚇壞，漸漸地，可以更細膩的分辨，以及感受她們所說的四季氣味。

記得剛從倫敦搬來東京的時候，我帶了幾瓶在英國買的香水。可是，來到日本之後，卻覺得那些曾經很喜歡的香氣，與這個城市格格不入，只好將它們都束之高閣。

和枝豆談論這件事，他說：「因為那些香味在相對潮濕的日本使用，味道就變了調。而且東京這麼擁擠，大家又很在意自己的香味會不會影響到周遭的人，所以對於味道特別講究與在意吧！我覺得東京人對於香味的用法就像使用耳機，我可以使用音樂和香氣來讓自己更愉悅，但會注意不要去打擾到別人。」

「人各有喜好，別人不一定會喜歡我們的氣味，而人們也不會想要用氣味去證明自己的存在。」

畢竟一般人還是喜愛香氣的，只是東京人會選用更自然內斂的香氣。在東京生活會遇見各種各樣的氣味，若有似無的，必須打開嗅覺的天線才能感受到。

因為在生活中與人的對話出現了越來越多的氣味話題，所以我特別找出形容氣味的日文單字，也上網查了一些日本人使用香氣的歷史，而在描寫著平安時代貴族的長篇小說《源氏物語》發現有趣的事。

在被稱為「香氣物語」的《源氏物語》中，有許多關於香味的記載。例如「追風用意」就是一種使用焚香薰衣的手法，之前我也曾聽過日本媽媽為了讓塵蟎或蚊蟲不靠近孩子，使用這樣的方法驅蟲，在孩子的衣服上薰，味道不會很刺鼻，有著淡淡香氣。

《源氏物語》中提到關於香味的遊戲「源氏香」也很有意思，它是日本香道中的組香遊戲，參加者依照聞到的香味以及順序，找出對應的圖文。每種圖文對應著各種季節風景、故事，以及寓意。現在在日本的香道用品上，還是可以看見這些源氏香圖，像是摩斯密碼一樣，很有意思。

這幾年因為新冠疫情蔓延，在家的時間變多的關係，我花了很多時間研究香味，也參加了ＡＥＡＪ日本芳香環境協會的精油一級檢定考試。準備的過程很有趣，因為拜訪各精油專賣店，我和店員們有了關於香味的討論，考試的過程中也讓我想起源氏香遊戲。

應試作答時，打開密封的香味包後，不是直接回答這是什麼植物的精油，而是這個精油的製作過程，或是對應到身心靈療癒的哪一個部分，我覺得非常具有日式思維。

二〇二三年的春天，表參道開了一間AEAJ GREEN TERRACE。這間由隈研吾大師打造的「精油博物館」，裡面有超過一千本關於精油知識的藏書，也收集了三百多種的精油，供大家試香。我每次只要到原宿或表參道就會想要去逛逛，讓天然精油香味療癒一下身心。

有時候，我也會因為想念東京某一家店的氣味而特別拜訪，在東京沿著讓自己好奇的氣味，往不曾走過的路前進。有的時候，我會在家裡調製喜歡的氣味，玩玩追風用意。也因為想更了解四季的氣味，更加關心每個季節出現在生活周遭的植物、花草。

後來我漸漸發現，其實日文小說和日文歌曲中也充滿著各種氣味的描述，那些若有似無的氣味，早就融入大家的生活裡了。

例如村上春樹就在《聽風的歌》書裡這樣描述過夏天的香氣：「很久沒有感覺到夏天的香氣了。海潮的香、遠處的汽笛、女孩子肌膚的觸覺、潤絲精的檸檬香、黃昏的風、淡淡的希望、夏天的夢……」宇多田光的成名作〈First Love〉歌詞中，也有讓人難忘的淡淡菸草之吻。

為了更理解香味，某天我找到了一家位於神樂坂的香鋪，報名了調香體驗課。

在小小的榻榻米空間裡，負責上課的香司取出了一個九宮格的木盒子。

「白檀可以清新、凝神、排除雜念，山奈可以治痛、消炎、排除邪氣，也有除蟲效果。這兩種通常會做調香時的基底。」

「龍腦聞起來有清涼感，可以醒腦解鬱，和丁子、大茴香都用小匙氣味點到即可。」

「藿香沉穩的香味，可以沉澱煩躁的心情。薰陸是樹脂，用於舒緩，如果調香過程覺得味道過多、太繁複時，可以使用薰陸來調整。」

「那我們先來練習各種香味的調和，讓大家來實際感受一下氣味

調和後的變化。」

她給了我三個大小不同的湯匙和一個香缽，磨缽時隨著香氣散出，我的心也慢慢沉靜了下來。其實練習調香用的九種氣味都是在日常生活中（尤其是漢方食材中）滿常見到的，只是之前我沒有特別撥出時間在專門以氣味為主角的空間裡，好好地認識它們。

接著，她遞給了我一張紙。

「這是香譜，小匙點綴用的香氣請畫上一點。中匙是一格，大匙是兩格，可以試想這個香味會出現在什麼樣的場景，一邊調香一邊寫譜。」

大概是很想家吧！我的腦海中浮現了小時候爺爺奶奶家的模樣，夏天時會吹著慵懶的風，吹得後院的紗門咿呀作響；濕潤的風裡夾帶著一點初夏樹葉的清香，河流裡的石頭，到了夏天也會散發獨特的氣味。

打開抽屜，除了有沉穩木頭的香氣，還混雜著一些陳年信件、卡片的氣味。一邊想著，一邊點著香譜，我的思念就這麼一點點地化成了香味，最後封在香包裡，打上了結。必須刻意靠近，才能聞到它的香氣。

「南風」是我給當天調香取的名字。

曾經在一本介紹日本香道的書中讀到，關於幽微的香氣描寫。內容大意是香氣之所以美好，是因為它是一個很私人的祕密，一個只有你知道的寶貴祕密，說出去，就散了。

原來，這就是日本人的香氣哲學。

「這是妳的香包，之後妳就可以隨身帶著它，或是放在衣櫃裡，隨時享受這個專屬於妳自己的香氣。」

我把南風放到口袋裡，那氣味若有似無的，讓我感到安心，慵懶地跨出了腳步，離開教室。

搭上電車我忍不住想著，如果用氣味來形容我自己，會是什麼樣的味道呢？接下來的人生，又會遇見什麼樣的香氣呢？

每個人都有著自己的人生香譜，那些說不出口的祕密，最後也許都這樣成為獨一無二的，像是帶著獨特旋律的香氣了吧！

而在大家的心中，東京，究竟是什麼樣的氣味呢？

東京
tokyo

溫柔
gentle

時光
moments

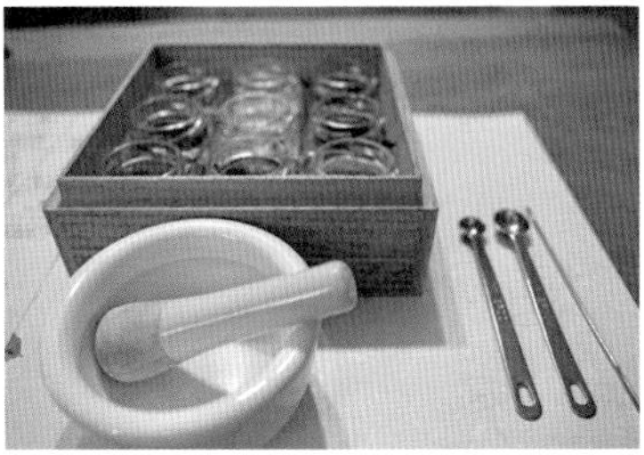

02

東京一日券漫遊

在東京這個都市，可以有許多種有趣的探索方法。其中一個玩法我自己非常著迷，即使在東京住了十年仍感到樂此不疲，就是「一日乘車券」。

一日乘車券指的是在一天內，可以在指定範圍內、不限次數搭乘指定交通工具的優惠交通券。它的好處不只有節省車資而已，而是可以在東京這個五花八門的都市裡，針對某個地區做深度探索。這種只訂下目的地，但是隨時可以隨心情和天氣改變路線的玩法非常有彈性，不會玩得心慌慌、沒頭緒，也可以享受散步過程中的各種驚奇發現。

另外一個好處就是可以盡興地逛，像是剛剛經過一直在心中掛念

的可愛小店，或是現在路過、晚點想再繞回來的餐廳，都可以在不心疼車資的狀況下，感到肚子餓的時候折返。

對於旅人來說，明明只擁有二十四小時的時間，卻可以同一個景點，在一天之內拜訪兩三次，可以感受到在地生活感，新鮮又有趣。

身為東京住民，我自己很喜歡的乘車券有「都營一日乘車券」、「世田谷線散策一日券」還有「東急線三角套票」。

先來分享「都營一日乘車券」的私房用法。

都營一日乘車券的票券上面有一片綠色的銀杏葉子，那是都營地下鐵以及都營巴士的標誌，只要在散步途中看到「綠色銀杏葉子」圖案都可以搭乘，很有闖關遊戲的感覺。

我喜歡以晴空塔為起點，展開一日遊。

我覺得晴空塔不僅是傳說中「整個東京能量最強的地方」，裡頭的精彩內容，真的是百玩不膩。天氣好的日子有機會見到富士山，和正在進行「藍天清潔服務」（高空中清潔晴空塔的窗戶）的員工說聲嗨；可以一邊俯瞰著美麗的東京風景，一邊吃早餐；也可以在晴空塔裡的肯

Solamachi
ZAR
Samantha Thavasa

德基試試看隱藏版菜單「肯德基丼飯」，據說日本全國只有七間肯德基吃得到喔！

第二站，我想拜訪「東銀座」站，它隱藏了好幾個我私心大推的景點。在歌舞伎座走走逛逛後，我常會登上五樓的和風甜點店「壽月堂」，在鬧中取靜的空中和風庭園坐下來，點杯抹茶，感到心靈十分寧靜。

如果想要一個人靜靜思考或安靜看書時，很推薦來這個安靜又美麗的景點。

而我心中的絕品美食清單，也正好座落在東銀座。一個是一吃就難忘的「喫茶ＹＯＵ蛋包飯」，另外一個是開設於昭和三十年的洋食老鋪「銀之塔」。

吃過喫茶ＹＯＵ的蛋包飯後，目前很難找到比它還能帶來幸福感的蛋包飯了。雖然分量不大，但有著滑嫩的口感和濃郁香氣的蛋黃，搭配粒粒分明的炒飯，讓人非常有滿足感。是那種就算住很遠，也會想要特地來吃的美妙口感。

「銀之塔」的燉牛肉套餐也是我怎麼都忘不了的美味。初訪銀之塔時發現，明明是賣牛肉燉飯的店鋪，店門口卻掛著兩隻鴨子的暖簾，讓人一時之間摸不著頭緒。

上網查了一下「銀之塔」的小歷史才知道，創業者平井姊妹曾經師事巴黎第五區的名店「銀塔」（每隻鴨子都有編號的知名米其林餐廳），所以沿用了銀塔之名。兩隻鴨子除了承襲銀塔歷史，也象徵著平井姊妹。

在東銀座、銀座這一帶有許多像這樣「日洋融合」的美食，可以同時吃到精緻和食與和風料理的方式，相信和我一樣熱愛美食的人，光在這一站就可以逗留好久了吧！

飽餐之後，我喜歡從東銀座一路散步到銀座，逛逛ＧＳＩＸ，在蔦屋書店晃晃，在銀座街上漫步。一路逛到新橋站，看到綠色銀杏葉的「都01」巴士後再跳上車。

我覺得在東京搭巴士是非常有趣的體驗。雖然每輛巴士不見得都會有電子螢幕顯示車站名，但因為手中握有一日乘車券，看到喜歡的地方就按下車鈴也是有小小冒險的玩法。

到達六本木後，我一定會先到66廣場和東京鐵塔打個招呼。如果森美術館或是2121美術館有不錯的展覽，也會繞過去看一看。想要稍微休息一下，或是翻翻書、回一下email的話，就走進「文喫BUNKITSU」書店。

這家原本是我非常喜歡的「青山Book Center」書店，在還沒當媽媽的時候，時常逛到關門為止。他們選書和陳列讀物的方式，非常吸引人。

雖然需要入場費，但文喫一直都非常有人氣。當你需要一邊工作一邊搜集靈感時，這裡擁有大量的雜誌和藏書可以尋寶，還不定期會舉辦展覽。在此待上一整天，不僅可以無限續杯飲料，晚上六點以後入場還有優惠價。

如果旅行中需要有個地方沉澱一下思緒，不妨來這裡歇歇腳。

離開六本木離開後，我前往澀谷。從六本木前往澀谷最方便的方法，無疑就是搭公車了！如果是搭地鐵往返這兩站，必須上上下下爬樓

DICTIONARY

DEAN & DELUCA

梯，還要轉車，非常費力。但是搭乘公車，只要十分鐘就可以到達，而且沿路的風景很精彩喔！尤其是聖誕節點燈時，搭這個路線的公車會覺得好像置身遊樂園一樣，沿路的風景超級夢幻。

我喜歡在傍晚拜訪SHIBUYA STREAM，走在小河遊步道上，有種在威尼斯度假的感覺。在這裡吃飯很放鬆，不一定要走進餐廳裡用餐，也可以去超商買個御飯糰，或是沙拉、飲料，就能輕鬆解決一餐。

到了晚上，若體力和時間許可，不妨再利用這張一日券前往表參道、淺草寺或是秋葉原。只要七百日圓就能度過一整天真的非常划算。

我時常在使用一日乘車券時會有種「體驗別人的生活一天」的錯覺。暫時離開熟悉的生活圈，幻想一下自己如果住在晴空塔附近，會擁有什麼樣的早晨？在東銀座工作的上班族，會想吃怎麼樣的午餐？在澀谷轉車回家的人們，會想順道繞去哪裡逛一逛？光是一邊幻想著這不屬於自己的日常，一邊探索就充滿了樂趣，有時沿途還會有靈光乍現的念頭出現呢！

03

雨天的江之島

「媽媽，我想要看一下江之島到底是什麼樣的島，可以嗎？」

週六清晨，天氣狀況不是太好。電視正轉播著「江之島特集」，介紹著島上的各個景點，還有佇立在島上的觀景塔「海蠟燭」。

「江之島喔！我記得上面有一個江島神社，島上有一些貓咪。但是不管什麼時候去都是人擠人。」

「豆豆想要去看看嗎？那我們現在就出發，去看看江之島到底長什麼樣吧！」枝豆聽到我們的對話後說。

「可是，今天氣象預報說搞不好會下雪，要不要等天氣晴朗的時候再去呀？」

「擇期不如撞日，趁今天什麼事都沒安排，我們就出發吧！」

到了江之島，冷風凍得我們三個人都尖叫了。雖然沒有下雪，但雲層很厚，眼見就要下起雨來了。

「哇！我都不知道在江之島這麼愜意耶，完全沒有觀光客。」枝豆說。

「平時人很多啦！應該是我們來得太早，什麼店都還沒有開，而且沒有人會選下雨天來這種地方吧！」

託天氣實在很差的福，這是我第一次可以細細欣賞江之島的每一個角落，看清楚每一個商店與景點。這才發現，之前因為總是在人潮太多的時候拜訪，從來就沒有機會好好把整個島走完。

在島上散步時，我們一

邊讀著關於江之島的傳說。除了龍與仙女相戀的故事廣外人知外，江島神社社境內的「奧津宮」、「中津宮」和「邊津宮」供奉的是三姊妹女神，她們分別是海之神、水之神以及藝術財寶之神，可以在奧津宮祈求出海安全，這裡距離江之島的壯麗景點「岩屋」也很近。邊津宮則可以祈求姻緣，裡頭還有一個「茅之輪」，據說穿過它就可以消災去病、解厄。

而最讓我眼睛一亮的是中津宮，因為它是一個祈求美麗的有趣神社。這裡販賣「美肌御守」、「美白御守」等，讓人意想不到的變美麗御守，還販賣「美人繪馬」，讓大家可以寫下自己的美麗願望。

稍微讀了一下牆上的美人繪馬，真的很有意思。有人期望成為北川景子那樣可愛又精緻、眼睛亮晶晶的大美女；也有人想努力瘦身、美白牙齒或留長髮。讀著這些願望覺得好可愛，也好想寫下來，帶幾個美肌御守回家，送給女性朋友們。

中津宮距離豆豆指定要拜訪的「海蠟燭」最近。它是為了紀念江之電開業一百週年，而在二〇〇二於江之島建立的展望燈塔。腹地內除了海蠟燭這個燈塔外，還有視野一片寬廣的日落觀景台、花園，以及幾

間溫馨可愛的咖啡店，應該是江之島上最歐風的地方。

造訪的當天，花園內開滿了各種顏色的鬱金香。我們一家人像是包場一樣，坐在日落觀景台上欣賞湘南的海岸美景。

「啊！好想在晴天拜訪，或是晚上來看點燈啊！但那個時候搞不好人山人海，就沒有辦法像現在這麼悠閒愜意了！」枝豆說。

據說因為天冷的關係，江之島上的貓全部都聚集到海蠟燭來取暖了。愛貓的豆豆好開心，也在心中認定江之島就是一個有很多可愛貓咪的島。

到了午餐時間，天空突然下起了雨，我們在躲雨的路上看見江之島上的Café Madu餐廳，一下子就被店內可以欣賞海景的大窗戶給吸引了目光。

「你看那面窗！是絕景耶！」

「菜單看起來很誘人，我們就在這吃午餐吧！」

坐在大片海景窗戶旁的餐桌，我們愉快地吃著鎌倉名產「魩仔魚丼」，以及有著大量鎌倉野菜的咖哩和義大利麵。只要來到湘南，就會忍不住想要吃魩仔魚料理還有鎌倉野菜咖哩，真的非常美味。這道搭配著湘南無敵海景還有緩慢的步調，嚐起來特別美味的絕品，直到現在，都還讓我覺得難忘。

「好喜歡江之島喔！好有旅行感！」枝豆說。

「我也好喜歡江之島喔！好有冒險感。」豆豆說。

突然覺得，選在下雨天來這裡好像也沒有什麼不好，我們可以慢慢地，如入無人之地，像是探索什麼隱藏景點一樣，好好去探索它。

下了雨的江之島，也非常非常可愛喔。

04

賞櫻聖地千鳥之淵

前陣子東京櫻花瞬間滿開，我和一位氣味相投的朋友，不約而同地聯繫對方。

「今天天氣好溫暖啊！想到外面櫻花可能已經滿開了，我就無心工作了！」

「我也是！好想馬上衝到櫻花樹下。」

「那走吧！我立刻把工作重新安排！」

「好的！我也立刻來請假。」

我和朋友兩人快速地約好在九段下站相見，一起步行到千鳥之淵綠道賞櫻。

會在東京諸多櫻花景點之中選擇千鳥之淵，是為了一圓「在櫻花樹下划著小船賞櫻」的夢想。

「妳不覺得一邊滑船一邊賞櫻，真的是太浪漫了嗎？」

「是呀！根本是武俠小說或是古裝劇會出現的場景，太浪漫了！」

朋友和我一樣，是屬於浪漫派的人。我們經常說走就走，覺得東京哪裡浪漫就去哪裡；託她的福，我總能在東京各個角落汲取浪漫氛圍。

從九段下站出發後，我們被沿路的櫻花景色給震攝了。

「不管第幾次賞櫻，內心都還是可以這麼激動耶！」

「是呀！這世界上怎麼會有這麼如夢似幻的景色呢？」

我們一路拍照走走，來到了千鳥之淵乘船處。工作人員問我們要選腳踩天鵝船或是手划船？我們二話不說，選了手划船。

「當然要選手划船呀！不會被擋住視線，也可以優雅地慢慢賞櫻。」

千鳥之淵真的很浪漫，尤其在櫻花滿開時，兩岸的櫻花像是粉紅色瀑布般傾瀉而下，環繞著整個皇居護城河，既壯觀又柔美，我覺得沒有足夠的詞彙可以描繪當日所見的美好。

YAMAHA

「千鳥之淵，為什麼叫做千鳥之淵啊？」

「據說是因為形狀像是千鳥展翅的樣子！」

「太美太美了！連名字的由來都太美了！」

也許是當天風比較大，或是我們沒有太多的划船經驗。當天我們費了好大的力氣，才划到幾乎要垂到河面的櫻花樹下。坐在小船上，穿越櫻花樹下的河川，那種感覺很神奇，花瓣像是魔法金粉般灑在身上，還有河面上。如果不使力划槳，小船就會像花瓣一樣隨著微風飄流。

飄呀飄的，就好像飄進一首絕美的、粉紅色的詩裡了。

雖然很想一路划到可以看見東京鐵塔的地方，但是咕嚕咕嚕叫的肚子，把我喚回了現實。

「走吧！我們去一家很美的餐廳。」

我跟著朋友的腳步，走到了千鳥之淵附近的靖國神社，先是對櫻花簇擁的神社社境裡驚嘆了一番，又去觀賞神社中的「神雷櫻」。

「神雷櫻是東京的櫻花開花標準木喔！只要它迸出了花苞，東京氣象局就會以它為依據，發表櫻花開花消息喔！」

「神雷櫻，謝謝你告訴我們櫻花開花的好消息！」我忍不住偷偷地向神雷櫻道謝。

午餐的餐廳位於靖國神社外苑，叫做「attic room」。整間餐廳的露天座位都被櫻花樹包圍，簡直就像是婚禮現場繫滿粉紅色緞帶般夢幻浪漫。室內的座位也好美，連燈罩都是櫻花模樣。

這家店的櫻花季菜單別出心裁，尤其是飲料和甜點的部分，全部都以櫻花為主題。我和朋友各點了一杯櫻花拉花拿鐵，一邊欣賞著庭院滿開的櫻花，一邊聞著滿溢的櫻花香氣，細細品嚐帶著甜甜櫻花香的拿鐵，享受這段溫柔時光。

「我覺得今天的賞櫻行程，真的是滿分！」朋友說。

「是呀！我覺得我從此要迷上粉紅色了！櫻花季真是太夢幻、太浪漫了！」

如果大家有機會在櫻花季拜訪東京，不妨試試在櫻花滿開的千鳥之淵划船賞櫻，找一間可以近距離賞櫻的咖啡店，品嚐櫻花甜點或是飲品。把自己完完整整浸泡在櫻花的夢幻粉紅裡，然後把那份浪漫好好地保留在心底，直到下次再與櫻花相見時。

05

小奢華的富士山之旅

說富士山是日本人心中的「聖岳」，真的是一點也不為過。它不僅被認為是住著神靈的山，蘊藏著日本人的信仰文化，也是孕育出日本藝術與文化的重要起源。在日本人心中，看見富士山的日子就會特別好運；用富士山湧水泡的咖啡和茶，就是特別的美味。接近富士山，就可以得到滿滿的能量。

有人把「登上富士山」這件事列為此生必做的挑戰，葛飾北齋的《富嶽三十六景》系列作品，時至今日，都為人們所津津樂道。

富士山周邊的旅遊景點，也因為這座既可愛又神聖的山散發出無窮魅力，使得遊客絡繹不絕。

住在東京最浪漫的事情之一，就是在許多城市角落都可以見到富士山的蹤影。

除了大家熟知的東京晴空塔、多摩川淺間神社、東京富士見坂、東京灣恐龍橋、東京鐵塔、三軒茶屋胡蘿蔔塔之外，其實我時常在過天橋或是公園晨跑時，不經意地見到它的身影。

若是臨時興起，想要來場「富士山一日小旅行」，從東京出發也不是難事。只要到位於新宿南口的新宿BUSTA高速巴士總站，就可以搭乘高速巴士前往河口湖、忍野八海、富士吉田等，可以近距離拜訪富士山的景點，甚至還可以當天來回。

翻看自己居住在日本十多年的照片，發現與富士山的交會還不少。例如在箱根搭乘海盜船，在靜岡的日本平登山拍下富士山與駿河灣的合照，帶著爸媽拜訪忍野八海、在富士急拍下一家三口的紀念照等。

記得有一次傍晚，我從靜岡返回東京的路上，因為首次見到「赤富士」而興奮不已，也深信見到紅色富士山的自己，獲得了大量的好運。

snow peak

體驗富士山日常

仔細想想，讓我真正迷戀上富士山的，應該是一趟富士吉田的採訪之旅。

當時是為了一年一度的「織品藝術節」前去拜訪，從新宿搭了大約兩個小時左右的高速巴士，經過富士急樂園後，就發現窗外的富士山越來越大、越來越清晰，後來整座富士山就超巨大地矗立在眼前。

「太不真實了，像畫一樣！」我在心裡驚呼著。

然而，在富士吉田這個地方，富士山對當地人來說就是日常的一部分。在農田工作的農夫們，只要一抬頭，就能看見富士山。這裡的居民，一早會拿著儲水桶來裝富士山的湧泉，回家飲用。在富士吉田市的每個小巷弄，都能看見富士山在跟你揮手說嗨！這對每次見到富士山都情緒高昂、興奮到不行的我來說，實在太不可思議。

而富士山與紡織品，究竟有著什麼樣的關聯呢？

據說要打造出高品質的絹織物，水質占了很大的因素。位於富士

山腳下的富士吉田，除了擁有源源不絕的富士山純淨湧泉，還有來自大自然的靈感，以及富士山在不同季節、不同時間點，持續傳達給人們的，關於生活中的美。

在富士吉田待了兩天一夜，除了富士山絕景極美，我也遇見了一群對生活美感極其講究的人。

我在位於富士吉田最熱鬧的本町商店街的民宿「SARUYA」，居住了一晚。入住時見到院子曬滿純白色毛巾，據說整間民宿從毛巾到床單全部都是使用當地品牌「TENJIN FACTORY」。

我看著陽光穿透那些物品，然後細細觸摸扎實又細滑的床單。

「富士山之美，都被一針一線地織在毛巾和床單裡了啊！」

民宿是由古民家改建的，從公共區域到房間都像是精心打造過。一樓的客廳擺放了當地小農們栽培的無農藥花草茶，供大家自由享用。

我問屋主，「SARUYA」以及民宿Logo的猴子是什麼意思？

「在富士山信仰中，猴子就像神一樣，是很神聖的存在喔！」結果得到這樣的回答。

「富士山，已經深深地住在人們思想裡了啊！」

踏出民宿大門，往織品藝術節的攤位走去。先選了美麗精緻的布料給自己做了一本御朱印帳，又體驗了刺繡。

織品藝術節真的非常有意思，除了富士吉田當地的店鋪外，還聚集了來自日本全國的手作設計和布料達人們。在這裡，可以見到好多穿著有趣的人走在路上，商店裡的衣服雖然價格不斐，但可以感受到細膩的做工與精巧設計。耳環、胸針等小物配件，也多出自於創作者之手，精緻迷人。

中途逛累了，我來到一間名為「月光」的咖啡店歇歇腳。月光咖啡店是古民家改造的，玻璃櫥櫃裡擺放著像是首飾一樣美麗的手工甜點，咖啡店一角的暖爐上，呼嚕呼嚕地冒著煙。

據說月光咖啡店的老闆對於自家的咖啡和甜點都非常講究，每天一早會汲取富士山湧泉來煮咖啡、泡茶，以及配合當季蔬果製作甜點。

「這家咖啡店可以品嚐到富士山的浪漫滋味啊！」

本町商店街上還有一間名為「檸檬喫茶」的咖啡店，特地請錢湯彩繪職人在牆上繪製了一幅復古可愛的富士山圖。買一枝富士山造型的檸檬起士口味冰棒，走到商店街與富士山合照，非常有趣又可愛。

另外，還有一間販售富士山造型和菓子的「東京屋製菓」，我也好喜歡，走進去後會讓人尖叫不已。

雖然只待上兩天一夜的時間，但因為當地生活步調實在太緩慢，讓我可以細細觀察當地人的生活，潛入他們在富士山腳的日常。

「富士山不只是一座山頂堆積著白雪的山，它早就融入人們的生活之中了。」當地人說。

從那一刻起，我也覺得富士山就好像悄悄地住進我心裡了。

回到東京後，我時常會回想起在富士吉田的各種細節。例如一早去花店買花，遇見把門口裝飾得生氣盎然的西餐店老闆娘，或是服飾店裡一見傾心的刺繡洋裝。我學著SARUYA的民宿老闆娘，將一整排的玻璃罐放滿精挑細選的花草茶，或是學著月光咖啡店的老闆娘，慢慢煮一壺水，給自己泡杯咖啡和熱茶。一點一點地，回想她們是如何既專心又從容的生活，彷彿自己也住在富士山腳下，可以浪漫一整天。

喔！如果你們讀完這篇文章也忍不住想要去富士吉田的話，回程時記得帶上一個 Chiffon Fuji 的富士山造型戚風蛋糕。除了手提著一整座富士山回家超浪漫之外，那蛋糕真是太美味，口感如雲朵般柔軟，讓我至今難忘。

一邊泡溫泉，一邊欣賞富士山，最高！

除了富士吉田之外，我的口袋名單中還有兩個欣賞富士山的景點，一個是位於山梨縣的「沒人管溫泉」（ほったらかし温泉），另一個則是位於靜岡縣的 HOTEL CLAD。這兩個地方都是可以一邊泡溫泉一邊欣賞富士山，「沒人管溫泉」非常古色古香，讓人有穿越時空回到昭和時代的感覺。HOTEL CLAD 中的「木之花溫泉」則充滿現代感，而且剛好位於御殿場 OUTLET 裡，有著截然不同的魅力。

「沒人管溫泉」從山梨車站搭計程車十分鐘可到達，雖然交通不是很方便，但我覺得它真的超可愛，很值得一訪。這裡原本曾經被規劃為養老院預定地，但因為日本泡沫經濟後無法繼續建設，只好作為日歸溫泉設施。在一九九九年開設的「這個湯溫泉」，接著又在二〇〇三年開設了「那個湯溫泉」，兩個溫泉的泉質不同，看見的富士山景色也不太一樣。如果不知道該先泡哪個溫泉，入口處有放著木頭骰子，可以幫你做決定。

「沒人管溫泉」的特色，在於日出前就開門。五月到七月之間大約凌晨四點左右，十二月至隔年二月之間大約清晨六點就開門，為的就是讓大家可以看到如夢似幻的富士山日出景色。不過，除了美麗的日出外，其實傍晚的富士山或是晚上以甲府盆地美麗夜景為背景的富士山，景色也超美。

對於想要慢慢欣賞富士山的人來說，「沒人管溫泉」是個可以待上一整天的小小聚落，提供簡單餐點，人氣美食是「炸溫泉蛋」。建議大家可以一早前來，泡完早上的溫泉後，靜靜看書、吃飯，接著是泡傍晚的溫泉，喝杯瓶裝牛奶，吹著晚風，欣賞富士山，度過悠閒的一天。

東京
tokyo

溫柔
gentle

時光
moments

crocs
SALE

想要享受購物樂趣，住在有設計感的飯店欣賞富士山的人，不妨到靜岡縣的 HOTEL CLAD。不管有沒有住宿，都可以使用木之花溫泉，一邊泡露天溫泉一邊欣賞富士山。飯店每一面都有巨大落地窗，包括房間都像是富士山的專屬畫框，可以很奢華地近距離欣賞富士山美景。

不只是從溫泉和飯店每個角落都能看到富士山，即使是在御殿場 OUTLET 逛街時，也可以看到巨大的富士山出現在眼前，這麼浪漫的行程，真的去幾次都不會膩呀！

寫到這裡，我都忍不住想為自己再安排下一趟的富士山小旅行了！不僅是在富士吉田的咖啡店喝一杯用富士山湧泉煮的美味咖啡、在「沒人管溫泉」邊泡溫泉邊欣賞富士山的日出和日落，或是在 HOTEL CLAD 飯店體驗從房間眺望富士山美景的感動，光是想像富士山出現在眼前，就覺得身心充滿能量。

06

東京魔法麵包店

說東京是麵包愛好者的天堂真的一點也不為過，根據統計，光是位於東京的麵包店就超過一千家。東京麵包店的種類很細，具有歷史的和風麵包店老鋪、來自西點主廚之手的精緻手作麵包店、一條吐司就超過一千日圓的高級吐司店、維持昭和口感的傳統麵包店、只賣定番款紅豆麵包、咖哩麵包或是菠蘿麵包的專賣店，琳瑯滿目。

走進書店，可以找到不少以麵包為主題的特刊與雜誌。東京麵包激戰區大調查、某某區的麵包店散步……諸如此類的主題，一點也不陌生。在各種麵包店聚集的東京世田谷區，甚至還會在世田谷公園舉辦一年一度的「麵包祭典」活動，每年以不同主題邀請日本全國的麵包店家，以及熱愛麵包的人們前來共襄盛舉。

前陣子我剛好因為工作邀約，採訪了位於三軒茶屋的三間麵包店，切入點是「以台灣人的角度來挑選有趣又美味的麵包」。託這次採訪的福，我拜訪了以「松露」為主題的Truffle Bakery（松露烘培坊）、由西餐主廚所經營的手作麵包店Mikazukido（三日月堂），以及深受日本年輕女孩喜愛，結合了麵包店、花店以及雜貨店的Junibun Bakery。

老實說，我並不清楚大多數台灣人是如何看待麵包的，我自己小時候覺得麵包最能帶給我滿滿幸福感的時刻，就是念小學時放學後和媽媽一起到麵包店選購肉鬆麵包的時光；還有偶爾會出現在早餐餐桌上，和牛奶真的是絕配的三角形海綿蛋糕。

之前帶著枝豆回台灣時，看到麵包店，他總是忍不住駐足。「我想吃吃看台灣的麵包是什麼味道。」枝豆總是一邊說著，一邊選好麵包，最後搭配豆漿一起吃。

「喔喔喔！原來這就是台灣的麵包味道！」看著他吃完心滿意足的模樣，我忍不住笑了，會不會這個麵包剛好滿足了他心中對台灣的設定與想像呢？

回歸正題，先來說說這三間精彩的麵包店。

近幾年來，也許是東京麵包市場的競爭越來越激烈，所以麵包店的風格以及主軸設定也越來越精準了。Truffle Bakery 一看就明白是可以吃到松露滋味的麵包店，我總覺得這家店是以氣味取勝，找尋它時不太需要使用 Google map，使用嗅覺，大致就可以聞香找到店家。

這家店的訴求是「讓大家藉由麵包吃到非日常的美味食材」，白松露鹽麵包、黑松露蛋沙拉三明治是必點招牌。另外，這家店也強調完全不使用化學添加物，可以和小孩一起安心享用。

「松露聽起來是大人們專屬的食材，但是獨特的滋味對小孩來說也可以是不錯的食物體驗教育。」麵包店的官網上是這麼寫的。

在東京，偶爾想來點「非日常感」的小確幸時，我會從 Truffle Bakery 買幾個麵包帶回家，獨特的松露香氣很神奇，給人一種「喔！今天是不是要來試試看不一樣的咖啡？」，或是「突然想要試喝看看不一樣的茶」的靈感。

東京
tokyo

溫柔
gentle

時光
moments

拍攝／megumi tsai

拍攝／megimi tsai

這家麵包店給予人們的幸福感時間其實是很長的，從在街道上被香味吸引的那一刻、在麵包店內慢慢選購的時間，直到一邊搭配自己喜歡的茶和咖啡香時，由松露所帶來的幸福感，一直都在身邊盤旋著。

也許這家麵包店擁有的是「用香味讓人從日本出走」的魔法吧！

由三軒茶屋知名餐廳「歐洲食堂」的主廚所經營的Mikazukido（三日月堂）是我近期非常喜歡的麵包店。第一次吃到店內名物「檸檬派」就忍不住驚豔，醃製過的整片晶亮檸檬覆蓋著酥脆的千層派，一口咬下，從口感到滋味都是非常多層次的。

「這不只是麵包啊！是料理，是很用心的料理。」我帶回家與枝豆一起品嚐時，兩個人忍不住讚嘆。這款麵包的每個環節都是精心製作的，很有手工烘焙的細膩滋味。

「真不愧是主廚手作的麵包，這已經超越我對麵包的想像了。」

在三日月堂的招牌上有一小行字，寫著「三軒茶屋明亮麵包店」，店內也隨時販賣著太陽與月亮造型的麵包。據說這些都埋藏著店主的用心，三日月的「三」就是三軒茶屋的三，而日和月都是明亮的意思。據說就是想要打造一間讓人們每天都可以擁有明亮心情的麵包店。

在三日月堂可以吃到許多融合日洋文化的麵包，例如塗滿明太子醬的明太子法國棍子麵包，還有京都丹波黑豆抹茶等。這家店在我心中被列為「最適合帶去野餐的麵包店」，因為這裡販售的麵包不只是麵包而已，幾乎可以說是一道驚心調理過的美味餐點了。

另外一家 Junibun Bakery，從字面來解釋是「120%的麵包店」，這裡說的120%指的是水分，整家店的麵包都標示著不同的含水量，大家可以依照自己喜歡的軟硬度來挑選麵包。

我通常不單單只是為了購買麵包而進入這家店，大多時候是為了買花而來，或是想找盒漂亮的餅乾送人，甚至是把麵包當作伴手禮。這家店的人氣商品氣球麵包，穿著很像是英國 Liberty 百貨會推出的碎花布料，巧克力脆球麵包像是梳妝台上的珍珠項鍊，擺在有點巴洛克式風格的玻璃櫥櫃裡，個個看起來都像是精品。

不僅只有造型精緻，這裡的麵包口味也是很讓人驚豔的。不會過甜的滋味很洗鍊，尤其造型總是充滿創意，比蛋糕店的蛋糕還要精彩搶眼。

某天在家和豆豆一起吃麵包，我問他最喜歡的麵包是紅豆麵包、豬排麵包或是菠蘿麵包？

「我最喜歡最喜歡的就是菠蘿麵包了！」他大口咬下。

「為什麼呢？」我問。

「因為雖然不能時常吃到哈密瓜，但是可以吃到哈密瓜麵包也是同樣幸福的啊！」（在日語中，菠蘿麵包的發音是メロンパン（哈密瓜麵包）。但其實麵包中並沒有加入哈密瓜，只是表面的花紋類似哈密瓜紋路而得名。）

我不忍心打破他對菠蘿麵包的幻想，但在那一刻突然明白，每個人所喜愛的麵包，都包覆著他對生活的想像。

枝豆搭配豆漿吃下的台灣麵包特別有台灣味，豆豆咬下的菠蘿麵包有哈密瓜帶來的幸福味道。我發現，街角的每間麵包店似乎都擁有魔法，為人們在日常生活裡打開一扇通往幸福感的小窗。下次來東京時，不妨好好欣賞沿路出現的麵包店吧！

07

通往森林的療癒列車

偷偷告訴你一個祕密，如果你人在東京，突然很想去森林走走，有一輛從池袋出發的銀色可愛列車，圓圓的外觀，造型非常可愛，還有著很大很大、可以將窗外風景一覽無遺的窗戶。電車裡的座位是太陽的顏色，每個位子都有一張圓形的，彷彿童話世界會出現的可愛桌子。只要搭上這輛列車，就可以從東京出發去森林了。

不確定是因為電車本身的設計太舒適可愛，或是電車到達的目的地太療癒，每次只要搭上這班列車，我就像是躺在雲朵裡，感覺心裡輕飄飄的，有著滿滿的幸福感。

這輛隸屬於西武鐵道的列車，是由日本知名建築師妹島和世監

東京
tokyo

溫柔
gentle

時光
moments

Laview
Laview

修，名字叫做「Laview特急電車」。這個很法式的名字，其實別有意涵，結合了Luxury Living（奢華空間）×arrow（快速）×view（景色）等概念，主要訴求是想讓乘客在舒適放鬆的空間裡，透過寬敞的觀景窗，盡情瀏覽東京近郊美麗的景色。

Laview觀景窗是我目前搭過的電車中視野最寬敞的，每扇窗有一百五十八乘一百三十五公分大。另外，車內的太陽芥末黃色非常呼應旅行中的雀躍心情，讓人很想好好欣賞一番。

如果你是鐵道迷，一定要事先訂票，並且選擇第一節車廂座位；搭到第一節車廂的乘客，可以和列車駕駛享受同樣的視野風景和速度感，千萬別錯過喔！車廂內除了提供免費充電座和無線網路外，和其他電車比較不一樣的是，Laview電車裡的廁所空間超寬敞又可愛，不僅貼心規劃了多用途洗手間和女性專用洗手間，還設有尿布台。除了洗手間外，車內還有附拉簾的個人補妝間。不管是大人小孩，走進這個彷彿遊戲間的電車空間裡，都會心花怒放起來。

電車的座位設計也很貼心，可以一百八十度旋轉後，把四個座位變成對坐小包廂，座椅設計寬敞又舒適。

「啊！這麼可愛又舒適的列車，就算哪裡都不去，只是坐上車移動一段時間，我也願意啊！」

每次只要搭上Laview列車，總會忍不住讚嘆。除了空間充滿療癒感、沿途風景優美外，重點是車資還非常親民，從池袋搭到飯能站只要九百八十日圓就可以搞定；就算搭到終點西武秩父站，也只要一千五百日圓。比起動輒數萬日圓的新幹線之旅，Laview列車的森林旅行真是太經濟實惠了。

那麼，搭上Laview列車，可以去哪裡呢？

Laview列車沿路會經過所澤、飯能以及秩父等站。若想要走進大自然，建議在飯能或是秩父站下車。

我已經拜訪過四次飯能站，每次拜訪完，仍然感覺意猶未盡。這裡有兩座以芬蘭知名卡通人物「嚕嚕米」為主角的主題遊樂園，其中一座是比較早登場的朵貝・楊笙曙光兒童森林公園（以嚕嚕米作者的名字命名）。這座公園雖然交通不算是非常方便，從飯能站搭乘一站電車到元加治站後，再步行二十分鐘才能到達。但是，公園內的景色極美，光是水中小屋的風景，就可以讓人駐足欣賞好久。

在公園內的咖啡店 Café Puisto，可以吃到非常美味的北歐料理 open sanwich（把配料直接放在吐司上，沒有夾起來的三明治）。公園平日只開放到下午五點，週末則是配合點燈活動，到晚上九點才閉園。很建議大家週末前來欣賞夜晚的點燈，真的太美、太浪漫了！好像森林裡面住滿了小仙子一樣，具有魔法感。

另外一座「嚕嚕米主題公園」，只要從飯能車站前搭乘巴士，大約十五分鐘就可以到達。到達嚕嚕米主題公園前會先經過「metsa village」，metsa 在芬蘭語中是「森林」的意思。這裡除了風景遼闊、療癒之外，還能吃到北歐美食，欣賞北歐雜貨。

嚕嚕米主題公園比起朵貝．楊笙曙光兒童森林公園，更有遊樂園的感覺，不僅有表演可以看，還有一座可以讓孩童爬上爬下的森林遊樂園，是個非常適合全家一起拜訪、溫馨又可愛的景點。

據說飯能之所以連續建造兩座嚕嚕米公園，是因為芬蘭團隊曾到此做過評估，認為這裡有山有湖有森林，自然景色和嚕嚕米故事的場景很相似而雀屏中選。

我沒去過芬蘭，但每次拜訪這兩座嚕嚕米公園，內心都有種被療癒的感覺，油然升起。

在距離飯能站搭乘巴士大約五十分鐘車程的地方，還有一座我好喜歡的「名栗」森林。有次我們全家人來到名栗才發現，原來距離東京不遠的地方有這樣的世外桃源。

埼玉縣飯能市的名栗區，是個充滿大自然能量的地方。這裡有森林、有湖泊、有溫泉，有甜美的水質、乾淨的空氣，還有大自然孕育出的美味食材。當然，還有各種風格的露營場，距離池袋只要一個多小時就可以到達。

至於「名栗」的名稱來源，有非常多種說法，其中一個是當地有許多栗子樹，另一個說法則是這裡有很多狐狸（韓語的狐狸發音與日語「栗子」相近），曾經是韓國遺族村莊。

這裡有鮮甜的蔬菜料理、被包圍在森林裡的溫泉旅館，可以在名栗湖裡面悠哉地划獨木舟，還有各種小木屋度假村和露營營區可以過夜。沉浸在森林的芬多精中度過兩天一夜的時光，是個超棒的選擇。

在名栗森林之旅中，我們體驗了一個超不可思議的行程，是夜晚的森林旅行。爬山的時間預計是下午四點到五點半之間。

夜之森林旅行的起點是大鱗山雲洞院天龍寺，午後陽光照耀在各種樹木的樹葉上閃閃發亮，非常美麗！走進森林的瞬間，就感覺到自己已經被各種植物香氣給包圍了。

夜之森林的登山嚮導河村先生是個超酷又自帶仙氣的人，他推動「夜之森林」活動已經長達十年的時間。據他說走進森林，不僅可以讓自律神經回到正常狀態，在夜晚的森林中，因為不依賴眼睛，所以其他感覺會變得很敏銳。也有不少人在參加夜之森林活動後，意識到自己內心的真實狀態，重新找尋自己真正想要做的事。

走進森林時，往往會先被美麗的樹和光線給療癒了。空氣中飄浮著樹木的香氣，感覺皮膚的毛細孔都打開來了。走到樹木比較密集的地方，以為天色早已經昏暗，但偶爾太陽會在樹與樹之間的縫隙間露臉，和我們玩起捉迷藏的遊戲。每走到一個段落，河村先生就會要我們停下來觀察身邊的植物，感受一下陽光和風的存在。這時才意識到，即使生活中有不少植物，我其實很少真的靜下心去觀察它們的細節。

登山途中，好幾次停下來舒展身體以及調整呼吸，接著就是進入一片漆黑、伸手不見五指的狀態了。但神奇的是，如同河村先生所說的，在不依賴眼睛的狀態下，竟然可以細膩地感受到自己與樹木、與他人的距離，甚至還可以感受到植物的吸吐。

我在那場森林散步中感覺到自己就像樹木花草一樣，都是地球的一個小小生物。置身在一片漆黑、伸手不見五指的環境，就好像走進心靈的暗房，因為什麼都看不見，就在內心播放起許多的回憶，彷彿一邊走著，一邊就能和某些內在恐懼或是不愉快的記憶揮手道別，並且把那些痛苦統統都留在森林裡了。

夜之森林的終點「竹寺」令人感覺非常驚喜，竹林中的華麗點燈讓人看了目瞪口呆，庭院也是美得如夢似幻。我們在竹寺裡享用的精進料理（素齋）非常精緻美味，裡面居然還有一片炸楓葉。那是我第一次品嚐炸楓葉，它不僅美得像張書籤，令人捨不得吃下肚子，吃起來的口感甜甜的，很厚實，也很特別。

來到這裡，千萬不要錯過竹寺名物「三福丸子」，口感超Q，在爬完山後飢腸轆轆時來上一串，真的是絕品美味。

那次森林旅行，我們住在被森林擁抱的大松閣溫泉旅館。我很喜歡待在那間溫泉旅館的大廳，可以細細欣賞四季在窗外更迭的模樣，旅館外面就是可以散步的森林，旅館的料理也很有季節感，整體來說，是相當令人滿意的住宿環境。

也許是那次在森林中散步全身感官都打開的關係，直到現在，我的身心都還保留著那段初體驗的完整記憶。

不知道是電車特別可愛，或者是飯能的森林帶給我太多能量，每次搭乘Laview電車回池袋時，搭上那輛列車，就能瞬間打開五感、打開心房，而讓自己完完整整地融合在森林裡，也讓人感到心滿意足。

08

淺草夢想花屋敷

在東京的眾多遊樂園裡，我對於「淺草花屋敷」有著一份特殊的情感。

因為它是一座很有「人味」的可愛遊樂園。

初訪淺草花屋敷是日語學校剛畢業的那一年，我因為採訪工作，第一次認識了這個很有懷舊風的遊樂園。

當時對於遊樂園簡介上遊客穿著和服搭雲霄飛車的照片，印象相當深刻。

「這畫面好奇特呀！原來早在那個年代，就已經有雲霄飛車了呢！」

後來我才知道，它有著悠久卻多舛的歷史。

ふきや

淺草花屋敷座落於淺草寺旁，在一八五三嘉永年間時，曾經是種植牡丹以及菊花的植物園，「花屋敷」一名由此而來。到了江戶時期，變身為茶道家以及俳句家的休閒聚會場所，歷經了淺草公園、動物園，以及一九二三年成為關東大地震的受災戶避難所等歷史；第二次世界大戰期間，曾經一度關閉，二〇二一年時因為新冠肺炎疫情，也傳出經營不善可能閉園的消息。

直到現在，我很感謝淺草花屋敷還在，讓我可以帶著孩子在這個遊樂園裡從早玩到晚。

除了可以一邊搭乘日本最復古、擁有六十歲高齡的雲霄飛車刺激地俯瞰淺草美景，還能穿著和服，毫無違和感地穿梭在有小橋流水的傳統遊樂園裡玩樂、拍照。而最讓我和豆豆興奮的，是週末下午的「氣球許願時間」。

淺草花屋敷園內有個不算大的舞台，到了週末下午會安排帶動唱、變魔術等各種帶動現場氣氛的表演活動，自從有次遇上「氣球許願時間」，我們就深深迷上了。

氣球許願時間由三位穿著誇張像是馬戲團團員的表演者，聆聽每位小朋友的願望之後，折出各式各樣的氣球，當作禮物送給大家。

「我想要一隻粉紅色的大象！」

「我想要一把刀柄是綠色、刀片是黑色的長劍。」

「我想要一隻帶著白色帽子的咖啡色小熊。」

小朋友們的願望五花八門，令人好奇，這麼困難的造型氣球真的有辦法折得出來嗎？

只見他們三位先是彎下身，側耳傾聽孩子們的願望，互相討論一下，就認真地折起氣球。

「妳的粉紅大象要稍等一下下，可以嗎？」

「請問一下，小熊的白色帽子要戴在什麼地方呢？是高帽子還是棒球帽？」

折氣球的過程中，氣球三人組還會和孩子們聊天，問問他們為什麼會想要這個造型的氣球。

我和豆豆已經參加過氣球許願活動許多次，從來沒有聽過「你的

夢想氣球太難了，我折不出來耶！」或是「你可不可以換一個簡單一點的題目？」這種回答，永遠都是「好！讓我們來實現你的夢想。」

許願氣球是免費提供的，只要是入園者都可以參加，氣球三人組會一路從下午三點折到晚上六點的閉園時間。

我總覺得這個服務顯得很不可思議，居然可以「客製夢想氣球」，而且不另外收費，尤其淺草花屋敷的入場費已經算是很親民了。

淺草花屋敷即將閉園的那段時間，整個遊樂園會點起燈，與緊鄰的淺草寺、五重塔以及遠方的晴空塔相互輝映。看著戀人們雙雙對對地穿著和服離去，就像日劇才會出現的畫面；也許是因為穿著和服、踩著木屐的關係，表情和互動也顯得特別羞怯可愛。

我喜歡在這個時候，登上淺草花屋敷的觀景台，細細欣賞這一切。目送男女老少的遊客手裡拿著他們的夢想氣球，滿足地離去的背影。

這裡的雲霄飛車好復古、再見晚安曲的音樂好復古，搭配淺草寺的景色好復古，而且很有人情味。每次看見豆豆雀躍地捧著自己的夢想氣球，我心中總是滿滿的感謝。謝謝在繁華的東京角落有著這麼一個遊樂園，傳遞著「你的夢想是獨一無二的，也許需要花點時間等待，但不需要和別人一樣」的訊息給我們。

「媽媽，我好喜歡淺草花屋敷，下次我還想再來。」豆豆捧著氣球說。

「好呀！下次我們穿浴衣來搭雲霄飛車好不好？」

可愛又暖心的淺草花屋敷，我們下次見囉。

09

請在春天拜訪東京

早上，東京下起了一場大雨。

「明明都已經是四月了呢！早上氣溫還是只有八度，和冬天沒什麼兩樣呢！」

雖然知道東京的春天就是這樣反覆無常、乍暖還寒，我還是一邊套上外套，一邊嘟噥地走到廚房，煮起朋友從京都帶回的黑豆茶。隨著茶壺沸騰的呼嚕聲響起，腦海中開始播放起去年櫻花季下的那場大雪畫面，是幅難得一見的奇景，若有機會，真想親眼再看一次。

東京的春天就是這樣，有讓人眼、耳、鼻、和臉頰都發癢到不行的花粉，有彷彿可以暫時離開現實的夢幻櫻花週，有著忽冷忽熱、令人

東京
tokyo

溫柔
gentle

時光
moments

無法掌握的天氣。有時候明明白天還是萬里無雲，一到下午，天空就突然黑起了臉，只能怪自己沒有隨時帶著折疊傘。

「春天就是東京一年間的espresso。」我擅自給東京的春天下了註解。好像一年四季都濃縮在這個季節裡，擁有大量的、東京特有的細節。

朋友們曾經問我：「最好選擇什麼季節拜訪東京？」

我總是先問他們：「想來東京做什麼呢？」「有特別想吃什麼東西嗎？」「是想要賞櫻還是賞銀杏呢？」「如果想要賞紫陽花請選擇夏季，但是要做好天天下雨的心理準備喔！」

我小心翼翼、盡量客觀地回答著，擔心如果自己提供的資訊有那麼一點點脫離他們心中預設的東京模樣，就會讓他們感到失望，或是讓東京的形象受損。

東京
tokyo

溫柔
gentle

時光
moments

若是現在問我，我一定會毫不猶豫地說：「如果你想深刻地感受濃度很高的東京，不妨選在春天來訪吧！」在這個季節，你會看到生活在這個都市的人們，如何與陰陽怪氣的天氣自在相處。人們會穿上明亮色系、保暖度可以匹敵冬裝的外衣；所謂的「衣櫥換季」並不單指衣服厚薄度這件事，而是隨著大自然光線與溫度的變化，有彈性地應對，以及展現個人創意。

一下起春雨，在大街上行走的人們就會紛紛從包包裡掏出早就準備好的折疊傘。我很喜歡觀察東京人的傘，有的是看起來輕巧，大概只有九十九公克的超輕折疊傘。有些人的傘套是吸水設計，即使上了電車也可以迅速收到包包裡，不怕弄濕電車地板。有人的傘是晴雨兩用傘，晴天可以抗紫外線UV，突然下起雨也不用擔心。而有些人的傘只要一淋濕就會跑出圖樣來，非常有趣。

來東京時不妨找一間雨傘專賣店逛逛，你會發現，原來雨傘店也可以像是美術館一樣逛上老半天，各種機能與貼心設計都讓人嘖嘖稱奇。

每次到了下雨天，我總覺得東京人處事這麼謹慎小心，在很多人看來甚至是吹毛求疵的個性，搞不好就是被這裡的天氣與生活給磨出來的。

到了春天，若是預約美髮店，美髮師常常會詢問：「要不要幫頭髮換上春天一點的顏色呢？要不要剪個春天一點的髮型？」以前我聽了總是有些慌亂，但在居住了十多年的今天，稍微有了一點點季節敏感度，光是腦中思考著想在這個季節中呈現什麼樣貌，如何樂在其中，就夠忙碌的了。

走在春天的東京街頭，眼睛和鼻子也會開始忙碌起來。

整個城市像是一座大型花店，到處都開滿了各種美麗的花。不管是公園裡、街道上，或是人們的家門口，都有各種可愛的花朵綻放。喜歡花的人不妨下載植物圖鑑ＡＰＰ，一邊散步一邊查詢各種花名，會是很棒的春天散策。

在春天，植物沉睡了一整個冬天後，整個城市也會散發出溫柔的、讓人心曠神怡的氣味，空氣中飄浮著一股暖暖的、軟軟的香氣。

此時，不管是超市或是便利商店，都會特別強調某些飲料中含有花粉季該補充的乳酸菌。以前我覺得日本的花粉季好惱人，現在倒覺得似乎是一年之初，大自然要我們好好休養生息的溫暖提醒。

喔！我一直很好奇小動物們是不是也會得花粉症？有次在公園裡和一位狗主人聊天，她說到了春天，她的狗狗也會打噴嚏、眼睛癢。

東京的春天很高調，會透過視覺、嗅覺、聽覺、味覺、感覺等各種感官大聲喊著：「我來了！」然而，它又濃縮了一年四季的影子，激發著人們的生活智慧與創意，可以藉此看見東京生活化的一面，是不是很有魅力呢？

10

東京獨活女子玩法

東京是個非常適合一個人「獨玩」和「獨居」的城市，因為這裡住了許多享受著「一個人行動」的人們。享受一個人的生活模式，其實在不少的日劇中都出現過，尤以日本個性派女星江口德子主演的《獨活女子的守則》為最佳代表。

在劇中，女主角五月女惠是個不擅長與人往來的上班族，但總會在下班後或是休假時間，為自己精心規劃各式各樣的「獨活」活動。例如一個人穿禮服搭禮車，幫自己慶生；一個人搭直升機、一個人喝下午茶、一個人去遊樂園……漸漸地，她發現一個人去認真做一件事是與自己相處很好的練習，在只有自己的狀態下，可以專注於各種感受上，與自己深刻對話。除此之外，即使是一個人的旅行，也可以和旅途中遇見的陌生人產生有趣的互動。

《獨活女子的守則》這齣日劇讓我看得津津有味，也忍不住想跟隨著五月女惠的腳步，在東京嚐試許多一個人的活動。回想起剛來東京的時候，我時常帶著相機，獨自在這個大都市中穿梭，當時就發現了這個城市有好多適合一個人拜訪的咖啡店、餐廳和景點。即是當了媽媽之後，可以「獨活」的時間有限，我還是會把握一個人的寶貴時光去四處探索。接下來，就和大家分享「明太子版東京獨活女子玩法」吧！

先來說說我最喜歡一個人去的地方，除了定期拜訪位於六本木的美術館之外，我最喜歡的就是位於目黑站的「東京都庭園美術館」以及「雅敘園」了。每次想要待在美麗寧靜的空間裡靜心時，就一定會去拜訪這兩個地方。

東京都庭園美術館是於一九四七年建立、一九八三年開館，一間很有法國裝飾藝術風格的美術館。它曾經是日本皇族的豪華宅邸，也曾作為外賓訪日的迎賓館。我非常喜歡東京都庭園美術館裡的建築細節，包括每扇窗、每道門。從講究的牆壁和地毯、充滿明治或大正風味的燈、家具的用色擺放到隨著天氣、季節與時間變化的精心採光，都讓我迷戀不已。

美術館每過一段時間就會展覽皇族宅邸中的收藏，光是精細的粉盒和香水瓶就有上千上百個可以慢慢欣賞，根本就是走入真人版的公主娃娃屋。我也非常喜歡美術館的咖啡店 café TEIEN，欣賞完美麗的建築，接著又在室內一角吃著精緻的蛋糕搭配茶點，望著有美麗草皮的院子，讓人彷彿走進了莫內的畫裡一樣浪漫。

另外一個讓我非常著迷的地點，就是目黑雅敘園。如果東京都庭園美術館展現的是復古法式精緻的極致，那麼，雅敘園則是完整保留了和風典雅之美。建造於一九三一年的雅敘園前身被稱為昭和時代的龍宮城，在戰後及地震的東京，像是夢一般不可思議的存在。雅敘園是一間博物館型飯店，裡面有庭園、提供舉行婚禮用的神社與教堂，和洋餐廳以及下午茶空間，也提供住宿。我最喜歡雅敘園中的「百段階段」，它是西元九八八年雅敘園前身配合目黑川拓寬工程重建時，所留下的東京

東京
tokyo

溫柔
gentle

時光
moments

都指定文化財。百段階段總共有七間房間、九十九個階梯，每個房間都是值得細細探索的藝術品，而百段階段也時常會作為展覽會場使用。

其實每次不管是什麼樣的展覽，我總會為了再次拜訪雅敘園而前來。在這個奢華至極卻意外地讓人感覺很放鬆的空間裡，展開一場時空旅行巡禮，選擇一間還沒拜訪過的餐廳，讓自己坐下來好好吃頓飯，接著在庭園裡走走，感受四季的變化。

雅敘園推出的讓大家穿和服、喝和風下午茶以及看展覽的服務，我一直都放在自己的「東京獨活女子玩法名單」裡，期待心境和時間都有餘裕的那天，再次前來拜訪。

在東京都庭園美術館和雅敘園這樣美麗的建築物裡觀看展覽和用餐，欣賞復古之美，是種薰陶。此外，我也很喜歡享受東京的都市魅力。

若要說我最喜歡的東京逛街地點，大概就是從表參道站一路走到原宿站的這一段路吧！除了可以欣賞街道上的時髦人士、從大街櫥窗上快速搜集最新流行訊息外，這一區的小巷弄裡面的店鋪也很精彩。我喜歡以表參道Spiral當作起點，在這裡逛逛展覽、購買小雜貨、喝杯茶

東京
tokyo

溫柔
gentle

時光
moments

或是咖啡後，再一路逛到原宿的@cosme tokyo，相信喜歡美妝小物的人在這裡肯定會買到失心瘋。接著，我會逛逛原宿的UNIQLO，到原宿IKEA買點生活雜貨小物，再慢慢逛到表參道的AEAJ Green Terrace精油博物館，探索一下有趣的香味。如果有時間，還可以到位於表參道和澀谷途中很有神祕感的satella喫茶店吃個絕品布丁、喝杯紅茶。

對了！另外也想推薦東京的下午茶巴士之旅給大家。從表參道站上車，一路搭乘英國復古風的雙層巴士經過澀谷、六本木到銀座，在巴士內可以享用東京知名的甜點，也可以用不同於以往的角度欣賞東京的景色與人們。

我自己非常喜歡這個獨活女子行程，既浪漫又療癒，光是回想起來，就充滿了幸福感。

另外，還有雜貨店、商店街、錢湯，也很適合一個人拜訪。其實我覺得一個人探索東京不太會有孤單的感覺，因爲許多人也都是一個人在這個都市裡穿梭，店家面對獨自上門的顧客，一點也不感到陌生。

在《獨活女子的守則》日劇裡，五月女惠進行了許多獨活活動後，和同事之間的交流反而變多了。住在日本十多年後，我漸漸可以體會那是怎麼一回事。在一個人的時刻，做自己最好的朋友，問問自己喜歡什麼？想去什麼地方？對生活有什麼樣的想法？唯有透過一次次地與自己對談，了解自己，照顧自己的心，在身心健康的狀態下再次回到人群中，才能更知道自己與別人的界線，以及和別人共同歡樂卻不委屈自己的生存模式。也就是說，想要享受與別人的交流，先跟自己好好相處，是個很不錯的練習。

如果妳也想體驗看看與自己對話的奇妙感受，請為自己規劃一趟專屬於自己的東京女子獨活小旅行吧！一定會有很多不可思議的發現喔！

II

澀谷人情橫丁

我因為體質關係無法喝酒，始終覺得自己與「橫丁」這種地方無緣，直到有次因為工作關係拜訪「澀谷呑兵衛橫丁」後，竟然因此愛上了它。

從澀谷車站ＪＲ北口出發，走路約兩分鐘，就能找到很有昭和感的「澀谷呑兵衛橫丁」。在這條僅有三十公尺長的小巷裡擠滿了四十間的迷你小店鋪，每間店大約只有二至三坪大小。據說這些小店起始於戰後黑市，還有些小店擁有六十年以上的歷史。

在小小的、暗暗的空間裡，一群互相不認識的人圍坐在吧檯前，媽媽桑就像是魔法師似的，從冰箱裡面變出一道又一道的驚人料理，端出一杯又一杯的美味飲料。對我來說，是很不可思議的空間。

「不好意思，請問可以點非酒精飲料嗎？」記得進入那家小店時，我小聲地和媽媽桑說。

「當然有！妳喜歡梅子嗎？我做點梅子蘇打給妳喝如何？夏天來點梅子很清爽的！」

她一派輕鬆地回答，一邊從冰箱取出梅精和蘇打水，而我的緊張感就在那一瞬間消失了。

「哇！是因為要寫報導才來的嗎？實在太有趣了，說給我聽聽看。在那之前，我先做個玉子燒給妳吃好嗎？這個時間應該肚子也餓了吧？」

我們的距離很近，她一邊煎著蛋，一邊聽我說。

「喔！這次的主題是寫澀谷的新

舊魅力。澀谷是很多有趣元素的組合啊！有百貨公司、有可愛的咖啡店、有具昭和感的喫茶店，當然還有像這樣代表日本飲酒文化，會讓外國人卻步的橫丁。我要把這些都整理，分享給台灣的讀者。

「不過，因為平常沒有喝酒的習慣，所以一直都不知道橫丁的魅力究竟是什麼，今天決定趁營業時間剛開始，人還沒有很多之前來體驗看看。」

「哇！妳是台灣人嗎？來日本幾年了啊？日語說得非常流利呢！橫丁的魅力喔……應該就是那種不用想太多就可以來的地方啦。像會來這邊消費的幾乎都是常客喔！有人固定一週來一次，有人一週來三次，還有人幾乎只要有營業的日子就會來呢！總之，大家就像朋友一樣啦！我也喜歡做吃的嘛！這些客人下了班很累，就做點好吃的東西慰勞大家一天的辛勞。來！妳的玉子燒做好了，請趁熱吃。座位前面有各種醬料可以加。」

才一說完，背後的暖簾就被掀開了。一個看似熟客的人走了進來，熟門熟路地把公事包往座位上方的櫃子一擺，外套往掛鉤一掛後，坐在吧檯前。

「老樣子，先來一杯生啤對嗎？今天辛苦了呢！」媽媽桑遞給我菜單，要我決定接下來想吃什麼，接著招呼起那位熟客。

「是！先來一杯生啤吧！吃的就交給媽媽桑決定了！媽媽桑煮的東西全部都非常好吃！」歐吉桑說。

「好的！那我就先出啤酒和幾道小菜給你啊！」她微笑著，轉身又在冰箱裡翻翻找找，接著在迷你小廚房忙碌了起來。

如同那位常客所說的，媽媽桑手藝非常精湛。即使看似簡單的玉子燒，也非常美味，柔軟的口感配上濃濃的高湯，再搭配蘿蔔泥以及海苔片，令我忍不住驚嘆。

「這絕對是我吃過最好吃、最美味的玉子燒了！」我說。

「是吧是吧！媽媽桑的手藝真的無人能敵的！」隔壁的歐吉桑一邊笑，一邊對我說。

「是嗎？哎呀～好開心被稱讚，能夠合妳胃口，真是太好了！來看看要吃什麼都說說看，菜單上沒有的也可以，只要有材料，我就做給妳。」

「聽妳這麼說，我突然想起木村拓哉主演的日劇《HERO》中那位撲克臉的餐廳老闆，不管問他什麼，都會回答有喔！」我笑著說。

「對！對！對！就是那個樣子，什麼都有喔！」媽媽桑笑了。

我點了生魚片、馬鈴薯燉肉，還有炸雞和焗烤料理，接著又陸續進來了兩位客人。吧檯座位只有四個，瞬間坐滿了。

兩位客人將公事包往櫃子一放，掛好外套，很輕鬆地坐下點餐。大家有一搭沒一搭地聊著，媽媽桑殷勤地招待著大家。

不知道為什麼，在這個五光十色的城市裡，有個小小的角落可以讓人暫時卸下所有外在防備，讓我有種「回家」的感覺。

這裡的空間非常小，但有個廚藝非常精湛又熱情親切的媽媽桑，溫柔地聆聽著每個人今天發生的事，然後變出一道道美味的料理，讓大家吃得盡興。

「怎麼樣！感受到橫丁的魅力，究竟是什麼了嗎？」媽媽桑問我。

「就是這種家的感覺啊！在都市居然有個地方，可以像這樣充滿人情味，這在一般的餐廳可是感受不到的。當然，現場烹調的手作料理也讓人感覺到滿滿的愛。我可以理解有人每週會固定想來報到的心情。」

「啊！人情味？也許是吧！這裡讓妳有家的感覺太好了！之後也歡迎時常回家。」

拉開暖簾，我從澀谷吞兵衛的小巷子，走回大馬路。在人聲鼎沸的大街上，夜晚的廣告招牌已經亮起，我感覺心暖暖的。

東京是個運轉很快的城市，可是橫丁文化卻根深柢固地留在原地。我想，不管是什麼年代的人，都還是喜歡那樣濃厚的人情味吧！這幾年因為疫情的關係，我沒有再去過那家小店，但每次經過時總是會忍不住探頭看看。期待有一天，還可以走進店裡，點個玉子燒，和媽媽桑寒暄幾句，訴說最近的生活。

12

《SALUS》東京案內

大家身邊有沒有那種類似情報通的朋友？對於最新開幕的店家，他們總是能第一間時間就掌握，對所有的資訊如數家珍，讓你覺得「哇！原來這裡有這麼好吃好玩的地方喔！」

我身邊就有一個這樣的角色，住在東京十年來，我都仰賴她分享給我的消息探索美食和景點，這個朋友叫做「SALUS」。她的想法超新鮮有趣，還會時不時發明一些新詞彙，例如「奧澀谷」這名詞，就是從她那兒聽來的。

「奧澀谷指的是澀谷位於東京本店後面的神山町、富谷這些地方。不是車水馬龍的熱鬧地區，但是有一些時髦有趣的小店，可以一邊散步一邊探險。」

《SALUS》其實不是真實存在的人物，而是出現在東急電鐵沿線車站的免費雜誌，A4大小，內容大約三十頁左右（據說創刊時只有十六頁）。雖然是可以免費索取的雜誌，但是照片拍攝和排版印刷水準，不輸給市面上販賣的雜誌，而且視覺上很親民可愛，每個月推陳出新的主題也很有意思。SALUS在拉丁語中是「遇見」的意思，主要讀者群是針對二十至四十歲左右的女性，想要藉由雜誌報導，讓大家認識更多東京有趣的店家，增加生活情趣。

還沒來到日本生活之前，我對於「電車路線」這件事是完全沒有任何歸屬感的，但是在東京生活了幾年後才明白，選擇一個地區作為生活中心，就像是在腦海中的系統輸入一種生活方式。

就以我居住的東急系統來說好了，只要是距離車站不遠處一定會有「東急超市」，而申辦了東急信用卡之後，只要在這個系統內的超市消費都可以積點換現金。在澀谷的HIKARIE百貨還能使用女性專用休息室，在下班前或轉車的空檔可以在這裡喝杯水、補妝與休息。如果想要搬家，使用同樣電車線，可以請東急房屋仲介在沿線幫忙找房子。

而從《SALUS》雜誌上可以看到「東急人」的生活方式與價值觀，尤其是二十至四十歲女性。我很喜歡跟著雜誌上的介紹，去車站附近的可愛咖啡店喝杯茶，去有特色的書店逛逛，去看看展覽，或是聽聽在這個地區工作的人聊聊他們的工作與生活日常。有時候看到地址不是太遠，我也會立刻跳上電車或是腳踏車前往。

《SALUS》雜誌創立於二〇〇一年，至今也已經有二十多年的歷史。我很喜歡雜誌偶爾出現的「東橫線的今昔」、「十年前與現在的街道比對」這樣的題目，可以感覺到時間的流轉，以及看見人們生活的改變。

枝豆從小就住在這個區域，非常熟悉整個東急的文化與系統。之前我們準備找房子搬家時，去看過其他區域，但最後他還是以「我覺得離開這裡的生活，會感到孤單和不習慣」而告終。

我其實也無法想像，如果搬離東急沿線地區，看著《SALUS》介紹的內容，發現自己不在其中時，會有多麼失落。回想起來，這十年間，我是《SALUS》雜誌的忠實讀者，已經讀了一百二十本左右了吧！

期待接下來的日子，《SALUS》還會繼續當我的情報通好友。而我也期許自己不管到了幾歲，都能用雜誌編輯的好奇心和眼光，在這個城市生活著。一天天、一點一滴地探索東急沿線有趣的人事物，每隔五年、十年，就在心中做個今昔對比小特輯，期待著在東京這個城市，持續遇見更多新鮮的事物。

13

東京車站藏寶圖

時常有人問我：「有什麼推薦的東京雨天景點嗎？」「有什麼適合帶小孩玩一整天的室內景點？」「想要買東京伴手禮去哪買？」「第一次來東京，有什麼景點一定要去？」「想知道要去哪裡玩扭蛋？」「想吃好吃拉麵要去哪裡吃呀？」、「要去哪裡買日本各地的鐵路便當啊？」

每次聽到這樣的問題，我都會毫不猶豫地回答：「東京車站」。

對我來說，東京車站就像是可以滿足所有人各種願望的多啦Ａ夢百寶袋，不管想要逛什麼、買什麼，想要吃什麼樣的日本美食、想要搭車到達東京內外各個景點，或只是想要四處走走逛逛、搜集東京最新的

東京
tokyo

溫柔
gentle

時光
moments

城市情報；不管是晴天或雨天，白天或夜晚，它都是可以滿足每個人的欲望，讓人感到充實的景點。

不過，在探索這個寶庫前，建議大家還是先找到藏寶圖研究一下，稍微了解這座像是迷宮一樣的東京車站，才不會因為迷路失去興致，或是體力不支而中途放棄。這幾年我在東京車站裡外迷路了好多次，前陣子跟著一位東京車站達人朋友再次探索，經過她的實地導覽，才終於把這幾年對於東京車站的記憶片段拼湊成了一個完整而立體的樣貌。

第一次拜訪東京車站，是因為要從這裡搭車到東京迪士尼樂園玩。當時只知道東京車站非常大，最好提早來搭車。但一進到東京車站，我馬上被這座巨大車站給嚇到了。光找搭車的地點就整整走了半個小時以上，完全不知道自己究竟身在何方，而且車站中人聲鼎沸，分貝大到讓我都耳鳴了。

「天啊！我該帶耳塞來的！早知道我就好好研究地圖後再來！下次我不要再來東京車站搭車了！好可怕！」

老實說，對東京車站的第一印象是充滿恐懼的，當時忙著找路趕車也沒有時間欣賞這座美麗又充滿歷史感的建築，只記得自己在地下通路緊張地亂竄。

直到很久以後，我才靜下心來好好認識這個大迷宮。東京車站真的非常大，總面積有十八萬兩千平方公尺（比起台北車站的一萬七千平方公尺，大約是十倍大）。加上東京車站總共有五層樓（地下兩層、地上三層）、二十八個月台，每天有四十五萬人進出，如果不事先稍作功課的話，很容易在車站中迷失方向。

如果收起恐懼驚慌的心情，冷靜地察看東京車站的平面圖會發現，其實只要分清楚位於狹長東京車站兩側的「八重洲口」和「丸之內口」就可以了。如果更細分的話，就是把八重洲口分為北、中、南口，

東京
tokyo

溫柔
gentle

時光
moments

丸之內分為北、中、南，共六個出口。想搭新幹線、長途巴士離開東京，就往八重洲口前進；如果要搭乘地下鐵在東京都內移動，就前往丸之內站。所以我私自把八重洲口分類為「觀光前門」，而觀光客必踩的景點「東京車站一番街」也在這邊，想買伴手禮、吃拉麵往這裡就沒錯。相對地，八重洲口人流就會比較多，比較擁擠一點。

丸之內在我心中比較像是「在地後院」，搭乘地鐵來到東京車站的旅客，可能直接從丸之內南口出站，前往東京郵政總局KITTE寄包裹、買東西或吃飯。或是到丸之內或是新丸之內大樓內用餐，沿路散步到三菱一號美術館，一路悠閒地走到日比谷站。

除了出差時必須搭乘新幹線，或是台灣朋友來東京玩時會前往八重洲口外，大多時候，我都是在東京車站丸之內口附近活動。我非常喜歡東京郵政總局KITTE，它不僅是一棟復古又可愛的建築，也非常好逛好買。在這間郵局可以買到限定商品，從這裡寄出的明信片也會蓋上東京車站造型的特殊郵戳，而且週六日也營業喔！而KITTE作為商場，可以逛到許多有趣的設計雜貨，每到聖誕節，大廳就會佈置得非常華麗，六樓有一個露天廣場，還可以近距離欣賞東京車站外觀。

在丸之內南口前對望的丸之內大樓和新丸之內大樓，不僅是時髦的逛街勝地，這兩棟大樓的七樓都有不少間餐廳，不管是白天或是晚上，可以一邊吃飯一邊欣賞東京車站的美景，是讓人感到心曠神怡的事。

而我最喜歡的東京周邊景點是從丸之內南口出發，介於東京和皇居之間的「丸之內仲通」。這是一條讓人感覺很放鬆的林蔭步道，每天固定時間禁止汽車通過，作為「步行者專用步道」使用。沿路上除了有許多美麗的裝飾藝術、時髦的商店和咖啡店外，假日也會舉行街頭表演。沿途設置了許多座位，只要走累了，就可以坐下來歇息一會。在途中的一保堂茶舖喝杯抹茶、然後到NUMBER SUGAR購買自己喜歡的牛奶

糖，一邊欣賞著歐風的建築，慢慢移動到日比谷站，真的非常愜意。

一到聖誕節期間，整條街就會裝飾得非常夢幻華麗，走在路上讓人有滿滿的幸福感。若是櫻花盛開期間，一路慢慢晃到皇居，更是療癒。

我喜歡在東京車站搭巴士欣賞周圍的風景，若想要搭露天觀光巴士的話，到三菱大樓搭乘SKY BUS，可以輕鬆周遊東京各個景點。如果想要體會和當地人一起搭巴士的感覺，東京車站丸之內南口處就是巴士乘車處。我最喜歡的路線是三號乘車處的東98號公車，只要二十五分鐘左右就能抵達東京鐵塔。

東京車站與皇居的關係非常有意思，據說在打造東京車站時，車站站房位置沒選在從江戶時期就很繁榮的京橋側，而是正對皇居、當時還未開發的丸之內側，就是方便天皇搭車，而丸之內中央口也設置了一個皇室專用出入口。

以歷史的角度欣賞東京車站與周邊的話，就更加浪漫有趣了！對於東京這個城市來說，東京車站有著「玄關口」的象徵意味，如果穿越時空回到江戶時代，這裡大概就是熱鬧的江戶城門口吧！城裡有許多新鮮事物和美麗的建築，不管白天或夜晚都非常美麗，請大家帶著藏寶圖前來好好探索一番吧！

14

重溫大正浪漫時光

關於著迷於「大正浪漫」這件事，是我來到日本之後才漸漸發現的。

我喜歡在和洋融合的空間裡，從蕾絲白窗簾透進來的隱約光線；我喜歡欣賞復古旅館裡的各式木製窗花與光影；我喜歡老舊喫茶店裡的花朵燈罩，以及相互輝映的雕花湯匙與茶杯；我喜歡復古的和服，卻有鮮豔大膽的花色圖樣；我喜歡巴洛克式風格的建築裡，悄悄地保留著日式內斂的細節；我喜歡看NHK晨間連續劇中的女學生們如何在以男性為主的社會裡發揮創意，嶄露頭角；我喜歡搞不清楚女主角究竟是哪一國人的卡通《小甜甜》、《凡爾賽玫瑰》，她們眼睛裡冒著星星的樣子。

我喜歡拜訪東京車站、三菱一號美術館、東京都庭園美術館，喜歡畫家竹久夢二，喜歡去下北澤的復古雜貨店找尋融合日洋風格的雜貨，偶爾也想吃一頓有點復古的和風西餐。

我發現，原來我喜歡的這些地點、氛圍，在某些部分有所重疊，那是一種來自日本大正時期的浪漫。

前幾天，東京雅敘園的百段階梯舉辦了以大正浪漫為主題的展覽，我立刻帶著相機和興奮的心情出發了。這樣的主題在古色古香又華麗的雅敘園展出，不僅讓人感覺大大加分，還可以在現場體會日本大正時期咖啡店的氛圍，以及特色餐點。

我從衣櫃裡找出有著寬寬袖子的長袖上衣，搭上高腰的黑色寬褲裙，以為這樣穿很有「袴」的感覺（「袴」是日

本大正時期的女學生制服，如今日本女生在畢業典禮也會穿的服裝）。當天意外發現，其實我好喜歡這樣的搭配，衣櫃裡盡是這種風格的衣服，大正風格早就悄悄地走進我的生活裡了！

我花了一整個下午，在百段階梯來來回回地走著，把展示版上的文字全都細細爬梳過，不僅每個展示間都瀏覽了好幾回，也在禮品店流連忘返。雖然沒有辦法把那些美好的設計和書籍都一一帶回家，但好想把它們深深地烙印在腦海和心底。

「為什麼明明只有短短的十五年，一切卻這麼讓人著迷呢？」

展覽期間，雅敘園推出提供大正風格和服看展的服務，我看著這些穿著打扮復古的女士在身邊穿梭，她們一邊看展，一邊交談著，有種時光倒流的感覺。

大正時期指的是一九一二年到一九二六年，大正天皇在位的期間。雖然時間短暫，但對日本人來說，卻是處於物質生活、美感以及意識層面的巨大轉換期。西方的浪漫主義飄洋過海來到日本，不僅影響日本的建築、人們的生活和思考模式，讓文學和藝術有機會絢爛開花。日本的歌舞劇、話劇也在此時萌芽，知名的「寶塚歌唱隊」便在一九一三年誕生了。在這個時期，女性就學或是就職的機會增加，方便穿著又帶點帥氣的「袴」，成為主流。

旅行這件事也在此刻盛行了起來，穿著典雅洋裝、戴上洋風大帽子、提著大大旅行袋的模樣，是當時女孩們最嚮往的時尚穿搭。而在那個年代最知名的插畫家竹久夢二，因為大量的雜誌封面、文宣曝光，而留下了許多創作。

在雅敘園的大正浪漫展覽中，我才發現，原來竹久夢二大師不僅畫了大量的和風美人畫，身為父親的他，也畫了許多日洋風融合的「童畫」。那些以可愛的兒童為主角的海報搭配短短幾行英文字，復古又可愛，非常有韻味。

我一邊看著展覽，一邊將自己迷戀大正浪漫的原因，一點一點地拼湊起來。

大正年代的一切事物不盡然都是美好，雖然人們的物質生活看似提升了，但物價也快速上漲；各種自由意識與民主活動興起，卻也被殘

酷地打壓。這個看似光鮮亮麗、閃閃發亮的黃金年代，其實也夾雜著黑暗一面，但我還是迷戀著看到人們做夢的樣子。即使現實中充滿挫折、不盡如人意，許多美好之所以可以實現，都源自於人們的憧憬與想像。

我們的生活不也是這樣嗎？在不盡然美好的每一天裡，還是想要努力維持心中那道能夠做夢的小小火花，希望它不要熄滅。

那種感覺就好像在小房間裡擺上音樂盒，轉動發條，隨著水晶音樂和音樂盒中的芭雷舞伶，一起旋轉。即使知道窗外的世界不那麼美好，還是想要守護那份小小的浪漫和美麗。

住在東京的我，或許並不像其他日本人一樣，血液裡留著「大正浪漫」的鄉愁。但是，只要拜訪這些地方，也能感受到那個年代的絢爛美好。

在代官山有個叫做「舊昭倉家住宅」的地方，就是一個隨處飄散著大正浪漫氛圍的古宅。舊昭倉家住宅在二〇〇四年被指定為國家重要文化財，它建造於大正八年，是東京府議會議長及澀谷區議會議長朝倉虎治郎氏的住宅。

在此除了可以欣賞美麗的建築與大正浪漫風家具外，我很喜歡透過室內落地窗，欣賞窗外庭園四季更迭的景象。因為票價實在親民（日幣一百圓），管理人員也很親切，而且拜訪的人不多，所以我只要有空就會去走走，也會帶著豆豆一起去庭園撿拾葉子。

東京車站附近也是我喜歡的「大正浪漫散策」景點，舉凡東京車站、三菱一號美術館等紅磚建築，都有著濃濃的大正浪漫風味。東京都庭園美術館是個讓我深深迷戀的地方，雖然它建造於大正年代結束後，但混合著法式與日式浪漫的家具、燈飾、採光、磁磚地板、地毯等，總是讓我一次又一次地流連忘返。

寫到這裡，又忍不住想要跳上電車，去探訪隱藏在東京的各種大正浪漫風情了。

我想，我應該會一直探索大正浪漫的精彩，直到自己成為七八十歲的老奶奶為止吧！

東京
tokyo

溫柔
gentle

時光
moments

15

昭和感復古小旅行

我很迷戀商店街，也喜歡泡錢湯；喜歡有點歷史感的喫茶店，也喜歡復古風味的文具和生活雜貨。在東京的高樓大廈穿梭時，我會突然想念起商店街的親切可愛。最喜歡帶著孩子穿著浴衣或甚平參加祭典、參加寺廟的緣日，或是到日本傳統零食店挑選「駄菓子」。喜歡簡單的木造房屋，喜歡反覆觀賞那些步調緩慢、講述人情味的電影。最喜歡和豆豆兩個人，跑到淺草花屋敷一路玩到晚上關門。

一到夏天，就好想一邊拿著團扇，一邊喝著彈珠汽水。

直到某天我才突然發現，我迷戀的，其實是「昭和感」。

充滿生命力的「商店街」

日本的商店街最興盛的時期，大概就是昭和年代了吧！

記得初次拜訪日本的時候，就被熱鬧的商店街給吸引了。在長長的街道上有各式各樣的商店聚在一起，店面的排列完全沒有邏輯，棉被專賣店的隔壁是一家復古零食店，整條商店街上會飄散著烤雞串和炸可樂餅的味道。背景音樂也很精彩，有當地媽媽們和店家老闆聊天的爽朗笑聲，參雜著商店街的復古喇叭播放的音樂和廣播。

有點雜亂無章，卻又充滿個性，充滿生命力。即使在商店街漸漸式微，逐漸被大型時髦購物商場取代的現在，我還是喜歡在商店街散步挖寶，感受當地庶民的活力。

東京商店街裡我最喜歡的、感覺昭和感滿滿的，大概就是「武藏小山PALM商店街」和「谷中銀座商店街」。武藏小山PALM商店街有八百公尺長，是東京目前最長的一條商店街。因為它很長，店鋪非常豐富精彩，加上又有拱形的遮雨棚，在豆豆還是個坐在嬰兒車的小北鼻

名代
富士そば
24時間
BIG ECHO
BUY & SELL
冷しそば
650
570円
CRAB
本日は
2倍
321

時，陪我度過了一段很歡樂的時光。我時常推著豆豆東看西看的，聽著他在嬰兒車上咿咿呀呀好開心，然後等他睡著了，自己再找間咖啡店歇歇腳。而且多虧了拱形遮棚，不管是豔陽天或是下雨天都不用怕。

我很喜歡武藏小山PALM商店街上的平價天婦羅店Makino，可以帶著小孩入店，而且可以坐在吧檯座位。所有的天婦羅都是現點現炸，吃起來非常酥脆爽口，大約一千日圓就可以吃得非常飽。另外，商店街裡還有個擁有天然溫泉的「清水湯」，它是起始於大正時期的老字號溫泉，琥珀色的黑湯和黃金湯交互泡，有很不錯的美肌效果。我很喜歡露天溫泉區，在這裡泡露天溫泉吹著微風，會完全忘記自己身在東京。

在武藏小山PALM商店街還有一間五層樓高的大創百元店，內容非常豐富，我時常和豆豆兩人逛一兩個小時，沉浸在文具、玩具和雜貨的世界中無法自拔。

谷中銀座商店街則是愛貓人的天堂，在這裡可以刻有自己姓名的貓咪印章，買到貓咪尾巴造型的甜甜圈，沿路販賣許多貓咪周邊雜貨。這個夏天我和豆豆一起拜訪谷中銀座商店街時，路上還擺滿「大型貓咪雕像冰塊」，不僅視覺上超療癒，只要風一吹來，就好像吹著冷氣的感覺，不得不佩服商店街的用心和創意。

而來到谷中銀座商店街絕對不能錯過的美食，就是「肉のすずき」元氣炸牛肉餅。吃起來不僅不油膩，而且肉汁真的好香濃、超美味的！寫到這裡，我又想要再去拜訪了呢！

另外，我也很喜歡離谷中銀座商店街不遠的「上野櫻木ATARI」。在古色古香的古民宅中，可以喝到美味的精釀啤酒，吃到美味麵包、下午茶，還可以看展覽、參加料理體驗活動，待在這樣滿是昭和感的空間裡，吃著美味的食物，真的是太有幸福感了！

推開時空旅行之門，到喫茶店喝杯茶吧！

日本的「喫茶店」是一個讓人可以盡情沉浸在昭和感之中的空間，和一般的連鎖咖啡店不同，喫茶店提供的餐點相對簡單，大多只有紅茶、咖啡和簡單的烤土司、布丁、蛋包飯、肉醬義大利麵。喫茶店的魅力在於隨著時代演進，它還是封存了濃濃的昭和風味，從招牌到店面設計、家具選擇、音樂和燈光都展現了店主獨一無二的美感，讓人在推開喫茶店門的那一瞬間，就好像搭上了時光機，走進晨間日劇的昭和時代背景裡。

剛來東京時我其實不太有勇氣推開喫茶店的門，總覺得喫茶店的空間不太明亮，還必須要忍受菸味。二〇二〇年四月起，日本室內空間全面禁菸後，我才跟著朋友的腳步探索了一間又一間的喫茶店，欣賞一個又一個的復古杯盤，讚嘆著可愛復古的家具、桌椅，也吃了看似千篇一律但各有千秋的蛋包飯和布丁後，才真正愛上喫茶店。

目前我最喜歡的東京喫茶店是「青山一番館」，位置介於澀谷和青山之間，很適合逛街，安安靜靜喝杯咖啡。青山一番館整個外觀就

像復古娃娃屋般溫馨可愛，裡面的擺設、家具、菜單和杯盤都是開店當年（昭和四十八年）保留下來的，光是待在這個空間欣賞昭和風復古物品，就能夠讓人心滿意足了。

大家來到東京若有安排澀谷、青山一帶的行程，不妨找機會體驗看看那種鬧中取靜、能夠感受到時光緩緩流逝的恬靜昭和風味吧！

我想自己會這麼迷戀昭和風，其實有許多錯綜複雜的因素吧！也許是它與台灣的童年記憶有許多交疊的地方，或是它承載著許多外國人對於日本的美好憧憬與想像。就算已經到了令和年代，但「昭和感旅行」還是每次都能讓我感到充電與安心；覺得有點累了、生活節奏太快了，就去商店街吃可樂餅、泡個湯，或去復古喫茶店點道蛋包飯，讓自己投入熟悉而美好的昭和年代氛圍中，進行一次又一次的復古小旅行吧！

16

全新的下北澤

住在東京的十二年間，在我腦海中，「下北澤」的定義不斷擴充之中。第一次拜訪下北澤，只記得車站好老舊、人潮好擁擠，一出車站，簡直就像到了迷宮一樣。雜貨店、二手衣店、復古家具家飾店和鞋店全都混雜在一起。之後好幾次隨著枝豆一起拜訪下北澤的小劇場，才知道這裡除了幾個比較知名的劇場，如「本多劇場」之外，還有許多比較實驗性質、非主流的劇場存在。

「下北澤真的是一個叛逆的、又充滿生命力的地點呀！」

每次有朋友問我：「下北澤該怎麼玩？」的時候，我總是很難清楚而具體地整理出路線。「那邊的路真的很雜亂，很像迷宮。我只能告

訴你車站出口和幾家我自己喜歡的店，你就帶著探險的心情去吧！」

大約二〇一三年開始，下北澤開始進行了一場把小田急線地下化的大整修工程，到二〇二一年終於改頭換面，搖身一變成為一個明亮寬敞的車站。陸陸續續地，也加入了幾個複合設施景點，例如MIKAN、BONUS TRACK、reload，下北澤在我腦海中呈現的樣貌，不再只是在蜿蜒交錯的商店街中探險，而是一個重新思考整理過後，新舊交錯的、讓人更容易親近的景點了。

從舊鐵道華麗轉身成時尚景點

想要認識二〇二一年之後的全新下北澤，首先要先認識有1.7公里長的「下北路線」。下北路線街在小田急線地下化之前，是貫穿東北澤站、下北澤站，以及世田谷代田站的電車路線。自從小田急線地下化之後，這整條電車軌道遺跡多出來的空間，就變成現在很受東京年輕人歡迎的「下北線路街」。

從下北澤站東口往東北澤站方向前進，沿著下北線路街走會遇見

reload和Mustard Hotel Shimokitazawa。「reload」是我自己很喜歡的複合型商業設施，裡面有許多充滿設計感的時髦咖啡店、喫茶店、服飾店等，走進這個空間就像走入最新一期的流行情報雜誌，可以立刻接收時下最新的食衣住行等生活資訊。

Mustard Hotel Shimokitazawa是二〇二一年才開張的都市型飯店，設計類似比較高級的學生宿舍。改造前的下北澤因為沒有住宿選項，不是旅行者會選擇的下榻地點，但是自從Mustard Hotel Shimokitazawa與溫泉旅館「代田緣由」開幕後，有不少人把它列為探索東京的落腳景點。

從下北澤西口出發，往世田谷代田方向走，會先經過一個小公園、藏在花園中的移動巴士圖書館，然後到BONUS TRACK，再到龍貓泡

BOOK BUS
せたがや
BONUS TRACK STAMP RALLY POINT
夏市
スタンプラリー
夏市

芙點以及代田緣由。這是我帶著豆豆拜訪下北澤時最喜歡的路線，除了沿路有公園之外，一路上都有隨時可以坐下休息的長椅，而每逢週六日，BONUS TRACK都會舉辦大人、小孩可以同樂的祭典和市集。如果週末沒有特別計畫，想要帶小孩出門走走、逛逛時，我時常會跑到氣氛輕鬆的BONUS TRACK。

經過BONUS TRACK之後，沿著下北線路街，往世田谷代田站方向散步，就會遇到一間包圍在小小樹林中的可愛咖啡店，這間咖啡店就是販賣「龍貓泡芙」的白鬍子泡芙工房。喜歡龍貓的人絕對不能錯過這家店，不只龍貓泡芙精緻又美味，二樓餐廳的義大利麵也非常好吃。一樓的甜點區則是販賣許多讓人想尖叫的龍貓相關甜點。在白鬍子泡芙工房可以聞到溫泉香氣，代田緣由使用的溫泉是箱根運送而來的溫泉水，就算不住宿，也可以來這間很有京都風的溫泉旅館，享受一日溫泉、下午茶、溫泉午餐或是晚餐，不用特地跑到郊區，就可以享受溫泉旅行的感覺。

我自己非常喜歡從下北澤南口連接到世田谷代田站這條被樹木包圍的散步道，規劃得非常有設計感又可愛，人潮不會太擁擠，有各種甜點店和溫泉，而且週末還會舉辦各種有趣的市集和祭典活動，身在其中，常讓人誤以為已遠離東京塵囂，來到郊區。

和下北澤站直結的「MIKAN」

從全新的下北澤車站出站後，第一眼會看到的有趣設施就是「MIKAN」。據說這個複合型商業設施取名為MIKAN，是期待它成為一個「未完成的、以人為主角的有機體」。MIKAN裡有許多有趣的店，包括模擬世界各地小吃攤的街道、大家耳熟能詳的「東洋百貨店」、讓人彷佛置身紐約街頭的「BROOKLYN」咖啡店、藝術展覽空間「砂箱」、TSUTAYA書店和共同工作空間等，提供豐沛的生活靈感。

我最喜歡 MIKAN 門口的寬敞大階梯，許多人會坐在這裡喝咖啡、聽音樂，讓人感覺到下北澤真的是個包容各種文化的地方，在這裡可以享受完全的自由。

除了二〇二一年誕生的下北澤新景點和新店鋪外，舊的下北澤街道也沒有因此沒落，反而隨著新景點崛起再次受到大家的關注。我非常喜歡逛二手家具店「NOCE」，在「Antique Life Jin」尋找復古雜貨，衣櫃中時常被稱讚的衣服，也是在這裡的古著店，如 2nd STREET、Flamingo、Mei 找到的好物。其實就算不買東西，逛下北澤的雜貨服飾店也可以得到許多資訊，不管是店內擺設、櫥窗搭配，都和制式化的百貨商場很不一樣。

此外，喜歡咖哩飯的人，可以鎖定每年十月舉行的「下北澤咖哩祭」，依照自己的喜好，在下北澤進行咖哩店巡禮。枝豆最喜歡的「茄子老爹」（茄子おやじ）有著濃濃甜甜的洋蔥基底，根據季節加入不同辛香料的人氣老店鋪，我自己則是喜歡湯咖哩 Rojiura Curry Samurai，除了香氣四溢的咖哩湯之外，還可以吃到滿滿的新鮮蔬菜。喜歡吃辣的人

8

STORE HOURS
monday 13-20
tuesday 13-20
wednesday 13-20
thursday 13-20
friday 13-20
saturday 12-20
sunday 12-20
tsumugu
select & vintage store

則推薦「Magic Spice」，店面裝璜很有異國風，湯底辣度和加料都可以自己決定，非常有趣且美味。

我和豆豆突然肚子餓時，也會去「天馬屋」買美味的半熟蛋咖哩麵包來裹腹。相信喜歡咖哩的人，一定可以在飄著咖哩香的下北澤，得到大大的滿足。

除了新景點、古著店、咖哩飯之外，我覺得下北澤在東京名所中顯得與眾不同的原因，是因為它真的是「孕育創意」的地方。下北澤的各個廣場時常會看到街頭藝人表演、藝術家展示作品，或是劇場工作人員向路人兜售十分鐘後即將上演的門票。空氣中總是飄浮著自由的、沒有規則的、不受限制的氛圍，就算只是走在下北澤街上，都讓人覺得全身好像被注入了神奇的魔法一樣，腳步跟著輕快起來。

不管是全新的或是舊的下北澤，對我來說都充滿無限魅力與可能。下次拜訪東京，不妨也來看看下北澤的全新樣貌，親自感受它獨有的魅力與氛圍吧！

17

東京人穿搭思考術

東京是個可以訓練人思考的城市，舉凡如何在高速運轉的城市中保持身心平衡，如何在強調和諧的群體中優雅地保有自我，如何在狹小的空間中去蕪存菁、整齊收納，如何使用當季的平價食材做出營養又美味的家庭料理，其實都需要高度的生活智慧。甚至連看似不需要太費心的四季穿搭，需要考量的事情也非常多。

「如何以家裡現有的空間，加上自己的當季預算為考量購衣？這些衣服能夠應對我接下來需要出現的場合嗎？這個顏色是否和當季的景色能完美融合？我有沒有辦法用一至兩件主要的季節單品，做出一整季的有趣穿搭呢？怎麼樣的穿搭才能對應無法預期的夏季雷雨？如何做出適合騎腳踏車但又優雅的媽媽穿搭？……」

即使來到東京前，曾經擔任女性雜誌服裝編輯的我，實際面對東京詭譎多變的天氣與風格各異的區域，也不免為穿搭感到苦惱與困惑。

我好幾次買了自認為好看卻無法與其他服裝搭配的單品，或穿了不合季節的衣服出門，才一點一點地修正與進化，像是：「梅雨季要來了，在那之前，我得先找到好看的雨靴和雨裙才行。要可以摺疊和好收納的，隨時可以放在單車籃子裡的那種。雨裙要可以快速套上又好看的，這已經是我目前想到最完善的下雨天對策了。

喔！雨天用的帽子也不能少，最好是下雨天可以防水之外，還有不錯的防曬遮陽效果，畢竟東京的天氣真是太難捉摸了，時常上一秒還是狂風暴雨，下一秒出大太陽就讓人曬傷了。

住在東京的十多年中，我經歷了太多次下雨天的狼狽後，終於在衣櫃裡準備好雨天也可以安心穿出門又好看的服裝了。

「接下來是櫻花盛開的季節，朋友們應該會一如往常地約我去賞櫻拍照吧！之前不管穿什麼顏色的衣服，總覺得無法把淡粉紅色的櫻花襯托得很美。今年需要一件簡單純白色的長洋裝，再搭一個淺粉色的包包，就可以讓櫻花們好好當主角了吧！」

事實上，我已揣摩出一套「不要破壞櫻花景色」、「讓櫻花當主角」的櫻花季穿搭法則。

此外，我也認真觀察與思考各種場合的穿搭，直到現在，衣櫃裡大致準備好可以隨時穿出門的衣服。

家長會是稍微有點正式的裝扮，可是又不希望讓人有距離感；親戚聚會視出席的場合與對方的親疏關係而定；帶小孩去公園的服裝，要讓自己可以舒服地活動，但看起來不要太邋遢，好清洗、好整理，又不會曬傷或太薄，容易感冒。

妳可能會說：「會不會想太多了啊？實在好麻煩喔！」

如果十年前的我來看這些，可能會完全無法理解。然而，現在的我卻很慶幸能夠擁有這樣的思考力，畢竟這是經歷了各種生活中的不便和考驗後才有的生活智慧。這些都是讓自己在東京過得更舒服、更順利，也更開心的生存技能啊！

況且，可以享受思考的樂趣真的很好！把天氣、景色、場合、人際關係全部都加進去思考之後的穿搭，其實就是一種無聲的交流，一種

拍攝／show

拍攝／show

把自己的想法穿在身上的感覺，不是很棒嗎？

一直以來，我都很喜歡閱讀日本的服裝雜誌，也喜歡坐在有大落地窗的咖啡店，細細觀察人來人往的東京人穿著。但隨著在東京居住了十二年，經歷了東京生活的嚴峻以及美好後，才可以更讀懂每套穿搭背後隱藏的學問和意涵。

「那個女生在雨天也能穿得這麼好看，行動這麼自在，連雨傘的搭配都這麼完美，上了電車也不怕到處滴水，想必是在還沒下雨的日子，早就經過反覆思考了吧！所以下雨的日子，也能輕鬆優雅地面對！」

我總覺得這種生活中的小智慧可以無限延伸，從衣櫥延續到餐桌，從餐點延續到工作，從思考的過程中妳會發現，其實生活裡有很多小地方可以更完善、更有創意，然後一點一點地去思考對於目前的生活來說更好的提案。

如果妳和我一樣，認為穿搭是一件值得思考、有趣的事情，我想妳一定也喜歡用細細品味的角度來看東京。觀察當天的天氣與東京人出席的景點，做出什麼樣的穿搭，往往會有許多意想不到的發現喔！

18

冬季限定版東京

每年日本過新年時，整個東京都像是突然打開冷氣機開關一樣，氣溫驟降。

不過，好幾次天氣預報說會下雪，最後都只是下了場雨，所以即使天氣預報出現雪人圖樣，大家都還是會半信半疑。

那天，大概是接近中午的時候吧！我覺得實在冷得受不了，想把暖氣開強一點，走近窗戶才發現窗外早就無聲無息地下起了雪。這次的雪很不一樣，不是帶著重量的小雪球，而是像羽毛一樣輕飄飄的，一片片隨風左右搖擺的小雪片。

我急忙打開窗戶，拿起相機，紀錄它們在空中跳著華爾滋，接著又輕輕躺在樹葉、樹枝以及曬衣架上的姿態。

「好可愛！好美喔！」每次東京下起雪，我就會想起自己來自於溫暖的小島。

「聽說今天會下雪喔！等下去接豆豆回家時小心路滑。」早上出門時，枝豆叮嚀我。

當天雪勢超過預期，等到傍晚去接豆豆時，除了我的腳踏車之外，路面也已經完全被白雪給覆蓋了。

我從置物櫃翻出為了東京一整年也許只下一次雪所準備的雪靴，將它套上後，撐起傘出門了。

我曾經聽過「一旦下起雪，世界會特別安靜」這個說法。據說是因為雪的多孔結構，擁有很好的吸音效果。

的確，傍晚的東京好安靜。滿街的汽車不再呼嘯而過，而是靜靜地，在一片雪白之中亮著燈滑行。

走著走著，我的透明雨傘和睫毛都覆蓋了一層雪。走到幼稚園的時候，才發現全身的衣服上都是鋪滿了雪。

當我驚訝於東京的雪竟然可以下得這麼大，只見和我差不多時間來接小孩的日本媽媽們都像是習以為常似的，把雪拍一拍就走進教室裡了。我把差點說出口的：「今天雪真的下好大啊！」這句話，原封不動地吞進肚子裡。

也許好多媽媽來自東京以外、時常下雪的地方吧？只有我一個人這樣大驚小怪吧？

接了豆豆回家之後，他跟我說：「媽媽，今天的東京是白色的，我好開心喔！」

「對呀！媽媽也好喜歡白色的東京。」

「媽媽，妳看神社裡面積滿了雪耶！我們進去堆雪人吧！」豆豆拉起我的手，奔跑了起來。

積滿雪的神社裡空無一人，豆豆盡情地堆著雪人，偶爾還會對著天空張大嘴巴，吃起「天然冰」。

我在神社裡四處張望，發現這個平時看起來不太起眼的神社，竟然藏著下雪時才看得見的美景。我們兩人在神社裡興奮地又笑又叫的，反正雪把我們的聲音都淹沒了。

「我真的真的真的好喜歡下了雪的東京喔！」我忍不住在神社裡面旋轉了起來。

想像著東京車站飄雪的樣子，想像著淺草寺變成雪白色，想像著把整個東京裝進雪花水晶球裡面搖一搖的畫面。我喜歡和孩子一起在白色的東京享受天真的孩提時光，也喜歡那個在心中歡呼無數次、來自溫暖南國小島的自己。

雖然回歸現實後會發現，下雪天有許多不方便的事。例如電車可能會停駛，走在坡道很多的路上特別費力，腳踏車也騎不動，但我還是喜歡冬天時四周一片白茫茫的寧靜東京。

東京
tokyo

溫柔
gentle

時光
moments

19

烏龍麵的幸福滋味

第一次在日本吃到「狐狸烏龍麵」（きつねうどん）時，我真的是又驚又喜。

「就是這個味道！就是這個甜甜軟軟、暖暖的味道！上面鋪著一片甜甜的油豆腐，有幾片海帶和軟ＱＱ、熱呼呼的烏龍麵是絕配，這就是我小時候第一次吃到的烏龍麵味道啊！」我忍不住在心裡激動了起來。

看著菜單，只憑直覺點餐的我，根本不知道「狐狸烏龍麵」指的就是油豆腐烏龍麵，也不知道狐狸和油豆腐有著什麼樣的關係。當時一度猜想，會不會是因為油豆腐的顏色和狐狸毛色很相近的關係？

小時候，第一次與狐狸烏龍麵相遇是在爺爺奶奶家，應該是我還在讀幼稚園的時候吧！記得爺爺從雜貨店扛了一整箱的杯麵回來，包裝上面寫著我看不懂的日文，並且畫著卡通狐狸的圖案。

當時爺爺給自己和我都泡了一碗，我撕開泡麵的蓋子，看著裡面的乾燥油豆腐、海帶和麵條，隨著熱水慢慢化開，空氣中飄散著香香甜甜的氣味。

「真的好好吃喔！這種鹹鹹甜甜的湯底和滑嫩的烏龍麵條好搭喔！」每次吃著狐狸烏龍麵，我總忍不住讚嘆！而那片精華油炸豆腐，我總是留到最後一口才捨得吃。

「阿公，我想要吃那個狐狸烏龍麵！」當時年紀小的我不知道該怎麼稱呼那個烏龍麵，只因為包裝上有狐狸，就擅自給它取了這個名字。

過了好多年我才知道，它真的就叫做狐狸烏龍麵。

我好喜歡那個狐狸烏龍麵，就這樣吃了好幾年，直到爺爺去世之後，好一陣子再也沒嚐過那個味道了；來到日本後能夠再次吃到，心裡格外感動。

好幾次，我特別跑到日本的超市和便利商店去找尋記憶中的狐狸烏龍麵，卻怎麼都找不到。

「妳在找什麼東西啊？」

「我在找一個小時候的回憶啊！」

我把記憶中的故事說給枝豆聽，他說過了那麼多年，搞不好包裝和設計早就不一樣了。

「可是，味道沒變對吧？」他說，「而且，妳知道除了狐狸烏龍麵之外，還有狸貓烏龍麵嗎？」

「不知道耶！烏龍麵和這些動物到底有什麼樣的關係啊？」我很訝異。

後來才知道，會在田裡捉捕老鼠的狐狸，在以稻米為主食的日本社會中有著崇高的地位，是神派來守護大家的使者。因此，日本各地的稻荷神社都會出現狐狸的石像。

據說以前的人曾以炸老鼠來供奉這位神的使者，但是後來改用油豆腐供奉，因為這樣的淵源，油豆腐烏龍麵也就被稱為「狐狸烏龍麵」了。

和狐狸烏龍麵不同，狸貓烏龍麵的重點配料是天婦羅油渣，就是炸天婦羅後剩下的脆皮。它和狸貓之間的關聯在關東和關西有著不同的說法，關東人認為天婦羅油渣脆皮因為是空心的（たねぬき），聽起來很像日語中「狸貓」（たぬき）的發音，所以天婦羅油渣脆皮烏龍麵才被稱為狸貓烏龍麵。而關西人的說法是白色的烏龍麵被灰色的蕎麥麵取代，所以用很愛騙人的狸貓為之命名。（據說日本各地的狸貓烏龍麵，內容都不太一樣，有多種說法。）

我也喜歡吃鋪滿天婦羅油渣的狸貓烏龍麵，圓圓脆脆的油渣泡在烏龍麵湯底裡，和麵條一起入口，吃起來好香，也很有層次感。因為認識狸貓烏龍麵後，我也跟著喜歡上「狸貓飯糰」，把天婦羅油渣加上醬油、味醂後包成飯糰，是簡單又讓人著迷的滋味。

以狐狸烏龍麵為起點，我又迷上了咖哩烏龍麵、月見烏龍麵、肉燥烏龍麵、海帶烏龍麵、炸蝦烏龍麵，家裡時常備有烏龍麵，只要打開冰箱看看有什麼食材，搭配烏龍麵就可以簡單上桌，而且是大人小孩都喜歡、吃不膩的日常美味。

我心中的第一名，還是別具意義的狐狸烏龍麵。那是直到現在都還讓我念念不忘的，幸福的滋味。

「其實妳說的那個甜甜的味道，是日本料理的基本味道啊！就是醬油加上味醂與和風高湯的味道啊！」枝豆看我吃烏龍麵吃得津津有味，這樣說。

「是啊！原來我在那麼小的時候，就已經認識這個味道了。」突然覺得命運真的很神奇，會不會就是那個香香甜甜的味道，把我帶來了這個狐狸烏龍麵的國度呢？

那種軟軟的、甜甜的、香香的味道，藏著我和爺爺奶奶的童年回憶。每次吃著烏龍麵，腦海裡就會不停地重播著我和阿公肩並肩、一人捧著一碗狐狸烏龍麵的溫馨畫面。

阿公穿著白色汗衫、梳著油頭，我們什麼話都沒有說，但我清楚記得那個味道，還有內心暖烘烘的感覺。

如今，我也時常在廚房裡烹調著這個記憶裡甜甜香香的滋味，看著枝豆和豆豆在餐桌上吃得心滿意足的樣子，心想，我注定是要迷戀狐狸烏龍麵一輩子了。

東京
tokyo

溫柔
gentle

時光
moments

20

美味的豆皮壽司

我非常喜歡豆皮壽司，喜歡到近乎迷戀的程度。

還沒來到日本生活時，我就喜歡豆皮壽司，當時只覺得把飯包在甜甜的炸豆皮裡，怎麼會這麼絕妙美味呢？鹹甜口味適中，還帶點讓人食欲大開的酸味，既可以當作正餐吃得飽，也可以在稍微有點餓的時候拿來裹腹。

「怎麼有這麼聰明的食物，是誰想出來的點子呢？」當時一邊吃著豆皮壽司，一邊讚嘆著。

來到日本之後，我才從日語學校老師口中得知豆皮壽司的由來。

「其實豆皮壽司（日文中的稻荷壽司）是每年節分時供奉給稻荷

神的供品喔。稻荷神是掌管農耕的大神，供奉稻荷神的神社就是稻荷神社，傳說本社就是京都的伏見稻荷大社。而只要是稻荷神社，裡面都會見到狐狸的雕像，因為狐狸是稻荷神的使者。有一說是狐狸會幫忙追捕稻田中的老鼠的關係。」

「聽說狐狸非常喜歡油炸肉類，但後來就用油炸豆皮取代，包著由稻荷大神賞賜的米飯，成為了供奉稻荷神的供品。」

「原來如此！」

我一直以為豆皮壽司就是油炸豆皮包著簡單醋飯，口味吃起來都差不多，直到某次到了茨城的笠間稻荷神社採訪，才真正打開了眼界與味蕾。

茨城的笠間神社據說是日本三大稻荷神社之一（在日本有諸多說法），而那次的採訪內容，則是要吃遍笠間神社參道上的豆皮壽司店。

「可是，豆皮壽司不是都差不多嗎？要很仔細品嚐才能吃出差別吧？」

我一邊這麼想著，一邊在笠間神社的參道閒逛了起來，才發現這

SABLÉS
SHISEIDO PARLOUR

整條參道全部都在賣豆皮壽司。

仔細一看，每家的菜單和外觀都不一樣。有的豆皮壽司裡面包著栗子，有的包著漬菜，有的豆皮上燙了自家的可愛商標，還有包著蕎麥麵的，最有樂趣的是每家挑選一兩種口味，感受豆皮壽司店的創意。

我在參道上找了一個可以歇腳的地方，一個個品嚐，發現每一家豆皮壽司從豆皮口味、配菜與醋飯的搭配口感都不一樣，各有千秋，但都很引人入勝。而且因為每顆口味都不同，因此一口接一口地吃，彷彿永遠都吃不膩。

「如果喜歡吃豆皮壽司，一定要去笠間神社的參道，把所有店都吃一遍，真是太美味了！」每次只要與人聊起豆皮壽司的話題，我總會忍不住想起當時的感動，興高采烈地推薦給對方。

後來回到東京，上網仔細一查才發現，原來東京也有許多花式豆皮壽司店，可以吃到包著和牛、螃蟹、鮭魚卵或是甜蝦的豆皮壽司。而我最近喜歡的是朋友推薦給我，位於中目黑的「YUKIYAMESHI」。他們家的豆皮壽司豆皮非常薄，使用的配料新鮮美味，而且米飯吃起來完全沒有負擔。讓我印象深刻的是甜蝦壽司，一口咬下，香味四溢，有滿滿的幸福感。

「原來豆皮壽司有這麼多種類耶！我想探索更多的豆皮壽司店，而且豆皮壽司實在好適合帶去野餐，不僅視覺上很可愛，吃起來也很方便耶！」

「是呀！其實妳可以自己做做看啊！從豆皮開始煮實在太麻煩了，但是超市其實有賣那種已經調味好的炸豆皮，只要放入醋飯和自己喜歡的配料就好囉！」

聽枝豆這麼說，熱愛豆皮壽司的我立刻躍躍欲試，到超市買了已經調味好的現成炸豆皮。醋飯的做法其實很簡單，只要把煮得比較乾的白飯拌入醋、砂糖還有鹽就可以了。至於配料要放什麼，真的是看個人喜好。

其實醋飯和炸豆皮與什麼食材都很搭，幾乎不會出錯。我時常約豆豆一起製作這道料理，還會放上切成星星或是愛心形狀的起士片或是小黃瓜，非常可愛，也很可口。

至於豆皮壽司的形狀，據說東日本地區的主流是「俵型」，就是依照「米俵」（裝米的圓筒形草袋）的形狀來製作，味道稍微濃郁。而西日本則是做成象徵狐狸耳朵的三角形，味道比較清爽。

我自己最喜歡的是把醋飯放進炸豆皮袋中，不包起來，然後把配料都露出來。這樣看起來更可愛，而且令人食欲大開。

寫到這兒，我又想吃豆皮壽司了。

真的好想探索各地的稻荷神社，相信附近一定有美味的豆皮壽司店。除了吃遍日本各地的豆皮壽司店外，我也想好好鍛鍊自己的手藝，往豆皮壽司達人之路邁進。

21

味噌湯與日式飯糰研究

記得剛和枝豆在倫敦相遇時，他給我的第一印象就是「飯糰與味噌湯」。一起相約去野餐時，他一定會帶好幾顆自己捏的飯糰，然後再帶一包長型的飯糰專用海苔；在家的話，時常也會看到他在廚房煮味噌湯。當時我常常吃他親手做的日式早餐，內容就是「飯糰＋味噌＋玉子燒」。我永遠都記得他把熱呼呼還冒著煙的味噌湯放到餐桌上，說著：「能夠每天吃到家鄉味真是太安心」的滿足表情。

「這個人很容易滿足呀！原來只要有飯糰還有味噌湯就能收服他的胃了！」

當時對於料理完全沒研究的我，還不明白，原來日式飯糰和味噌

味噌と米

湯是一門非常深奧的學問，甚至還覺得「每天只吃飯糰和味噌湯」真是單調，現在一邊研究日式飯糰和味噌湯的做法，一邊回想起當時的自己，都有點不好意思了起來。

好喝味噌湯的祕訣

來到日本之後，我也學著枝豆開始做起味噌湯了。第一次跑到超市選味噌時我就滿頭問號，原來味噌的種類那麼多，米味噌、麥味噌、豆味噌、混合味噌，到底要選哪種好呀？

「總之，先選顏色看起來順眼的好了！那味噌湯裡面放什麼好呢？就放豆腐和海帶，從最簡單的開始吧！」

第一次煮出來的味噌湯，盛在我特地從無印良品買回家的味噌湯專用碗裡，乍看之下好像有那麼一回事，可是自己端上餐桌、興高采烈地試喝時，卻覺得哪邊不太對勁。

「奇怪了！怎麼完全沒有味噌的味道？我明明放了很大一匙味噌呀！是哪裡出了問題？」

等枝豆回家後，我請他試喝看看。「這個味噌湯完全沒有味噌的味道，也沒有香氣，只有單薄的鹹味，妳是不是加了味噌後還讓湯繼續沸騰呀？這樣一來，味噌風味就被揮發掉了，這可是煮味噌湯的大忌呢！」

「加入味噌的時機是把湯煮滾後，才加入味噌慢慢融化喔！妳試試看！」

後來我試著在煮味噌湯的最後一個步驟才加入味噌，果然味噌的香氣和甜味都出來了，可是總覺得還是缺了一點什麼。

「是食材種類太少了嗎？怎麼味道感覺還是有點單調？」

「因為妳沒有放高湯啦！像是去壽司店喝的味噌湯都會有魚的鮮味，那是因為有加入鮮魚高湯啊！所以妳可以試試看，去買昆布回家做高湯，或是買那種現成的高湯包回家泡高湯都可以喔！而且高湯不只可以當作味噌湯底而已，還可以為許多日式料理注入靈魂喔！」

當時聽枝豆說著高湯的重要性，我還是一知半解。直到後來開始自己做高湯，買了各種高湯包來比較研究之後，才稍微理解其中的奧妙。例如想要做海鮮食材的味噌湯時，我就會放鰹魚高湯。昆布和柴魚高湯是最安全不會出錯的，香菇高湯、雞肉高湯、蔬菜高湯則是必須和決定放入味噌湯中的食材做搭配，才會有加分效果，而不是格格不入的感覺。

就這樣，一天一天，像是做實驗般煮著味噌湯；一次次的試行錯誤後，我漸漸地理解煮味噌湯的樂趣。例如，如何使用當季食材來變化出有趣的味噌湯食譜，可以計量的味噌攪拌匙和濾網，會讓最後溶解味噌的過程更順手、省力。味道比較重的食材，可以搭配麴比例較低的味噌，這樣就可以讓食材當主角。（日本的味噌包裝上會有麴步合10割／20割／30割的標示，指的是味噌中的麴比例。）而想要喝碗味噌湯味道濃郁的豆腐味噌湯，可以選擇麴比例較高的味噌。

想要讓味噌喝起來更甘甜，就放一些高麗菜和洋蔥這類可以讓湯頭有甜味的食材。

豆豆還小的時候，不太愛吃蔬菜，但是特別喜歡喝味噌湯，所以當時我都會在味噌湯中放入大量紅蘿蔔和洋蔥，讓他能夠每天攝取大量的蔬菜。

紅味噌和白味噌因為製作方式不同，不僅顏色上有差異，口味上，白味噌比較偏甜，而紅味噌則是味道比較深層、比較鹹一點。我們家基本上喝白味噌湯的機會比較多，紅味噌湯則是天氣很冷的時候會讓人特別想喝。

日本味噌的種類非常多，但是小家庭很難一次品嚐到多種味噌。所以，只要在日本國內旅行的時候，我都會喝喝看當地的味噌湯，或是購買當地特色味噌回家試試看。在東京，其實也有不少地方專賣味噌湯和飯糰，例如六本木的「Misomebore」就可以一次喝到日本全國的味噌湯，淺草的 MISOJYU 味噌湯專賣店也可以喝到豐富有趣、加入多種食材的味噌湯。而如果對於高湯有興趣，也可以到高湯專賣店「茅乃舍」

逛逛，或是到使用茅乃舍高湯製作和食料理的「湯や」，試試看加入美味高湯的味噌湯和料理，到底有什麼不同。

美味飯糰的祕密

說完味噌湯，接著來談在日式家庭料理中和味噌湯一樣，有著舉足輕重地位的「日式飯糰」。它和味噌湯一樣，看似做法簡單，但要做出美味日式飯糰的學問也很深奧。首先，要依個人喜好選擇適合的米，煮法也有講究，力道、形狀和大小都需要經過思考。然後，必須選擇冷掉了也好吃，而且有黏度比較高的米，然後必須將米浸泡過才煮（夏天泡六十分鐘左右，冬天則是泡九十分鐘），而且水量必須要少於煮白飯時的水量。尤其是剛收成的新米含水量很高，更要減少水量，因為這樣吃起來飯糰的米才不會過軟，仍然粒粒分明、有嚼勁。

至於米的選擇，就看個人喜好鬆軟綿密或是粒粒分明的口感。我自己試過許多種類的米之後，最喜歡來自阿信故鄉的「山形光澤姬米」（山形つやひめ）。用這個米捏出來的飯糰，不僅黏度夠、不會輕易崩解，可以做成各種可愛完整的形狀。而且每一口吃起來都香香甜甜的，捏成飯糰之後晶亮的光澤表面也超可愛的！我時常會捏出一整排飯糰後，靜靜欣賞它們在陽光下閃閃發亮的模樣。

我時常在豆豆上學需要帶便當，或是去遠足、家人去野餐的時候，早起捏飯糰。因為好吃的飯糰不能使用隔夜飯，必須是剛煮好的米飯才容易成形且美味。我的做法大概是這樣：飯煮好之後把捏成一顆飯糰的量，放到碗裡滾一滾，滾成橢圓形後，在中心挖洞，放入喜歡的食材，再用洗乾淨並且沾上鹽水的手把飯糰捏成三角形。捏飯糰時手不能太用力，要讓飯糰像是在手裡滾來滾去，再適時捏成形狀。

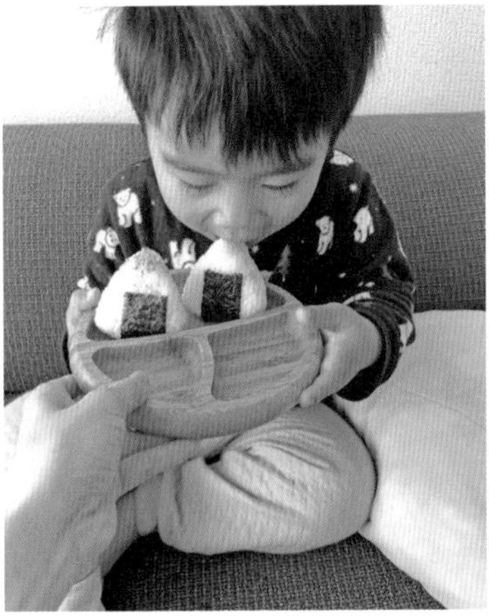

捏給豆豆的飯糰我會捏小顆一點，枝豆的飯糰大顆一點，「大小好入口」也是飯糰好吃的

祕訣之一。至於包飯糰的海苔，我一定會在現場才拆封，這樣才能吃到脆脆的海苔包著綿密飯糰的口感。

至於日式飯糰為什麼要做成三角形？我原本是以為三角形比較好入口。後來才知道是起源是日本人對於大自然的崇敬，深信山頂有著神，而將飯糰做成等腰三角形的「山形」。我覺得這個典故非常可愛，也把這個「山頂有神」的故事告訴了熱愛日式飯糰的豆豆。

「媽媽做的飯糰和味噌湯最好吃了！」最近我時常在餐桌上收到枝豆和豆豆給我的讚美，覺得心滿意足。也終於明白原來看似簡單的美味，背後需要花費如此大量的心思。

經過了十二年的實驗與研究後，我好像終於知道了一些關於做出美味日式飯糰與味噌湯的祕密了。但我想我目前知道的還只是冰山一角，接下來，我還會繼續進行飯糰與味噌湯的美味實驗，努力研究下去的。

東京
tokyo

溫柔
gentle

時光
moments

22

保持與媽媽友的安全距離

在日劇裡以「媽媽友」為題材的例子並不少見，例如《媽媽們的戰爭》、《砂之塔 知道太多的鄰居》等經典日劇。老實說，一開始看到主角們在劇裡的明爭暗鬥，心裡其實還滿害怕的。直到我在豆豆的幼兒園和小學時期，分別也有了一些與「媽媽友」的接觸，才有了更深的體悟。

「媽媽友，究竟是不是真正的朋友呢？」

如果在日本網站上查詢這個問題，往往會得到讓人有點驚訝的答案。大部分的回答都是「媽媽友並不能歸類為真正的朋友，而是一種為了小孩而衍生出的人際交往」。其中有許多必須掌握的眉眉角角、必須小心的地方，甚至還有一些「必須提防的人物」以及「教戰手則」。真正參與其中後，你會發現存在著許多政治操作。因此也有一派日本媽媽堅持走「不和媽媽友們來往的荒野一匹狼」路線。

然而，為什麼在日本會產生「媽媽友」這樣的文化呢？就我看來，其實媽媽友反映著日本社會裡的許多面向。之前豆豆上的幼兒園裡面有一半的媽媽是全職家庭主婦，而另外一半的媽媽則是職業媽媽。基本上，這兩種類型都有可能變成媽媽友，例如全職家庭主婦們很早就會一起接小孩下課，所以相約一起帶小孩去公園、去其他小孩家玩，或者一起去上才藝課。尤其是爸爸工作特別忙碌的家庭中，媽媽友的存在變得特別重要。在漫長的下課時間裡，有一群人可以幫忙排解育兒的孤單感，其實是件很重要的事。

而職業媽媽的媽媽友，則是工作之餘可以有效率地互通育兒資訊，掌握小孩在學校的狀況，甚至小孩生病的時候可以互相伸出援手。不管是全職媽媽或是職業媽媽的媽媽友，都像是「媽媽互助會」一樣，在男性容易缺席育兒角色的日本社會裡，是非常重要的存在。

這個由同齡同校小孩連結的媽媽互助會成員們，除了孩子年齡和學校相同之外，其實一開始是對彼此不甚了解的。因此會產生各種各樣的碰撞與摩擦，重點是「保持團體中的和諧」，所有的媽媽都擔心自己被排擠之後，小孩也會跟著無法融入同儕之中。遇上小孩爭吵時也必須要小心處理，如果團體中有一個特別愛主導大家的「ＢＯＳＳ媽媽」，也必須謹慎對應。

現在回想起豆豆念幼兒園的三年間，我和媽媽友們的相處有開心也有疲累的地方，但也是個讓我更深入理解日本媽媽的體驗。

在日本提到媽媽友，大概就會出現兩個單字，一個叫做「ＢＯＳＳ媽媽」，指的是在媽媽群中擔任領導角色的媽媽。另外一個叫做「Mounting」，中文是「占上風」的意思，在媽媽友中出現的爭吵，很多時候都與「想要比個高下」、「占上風」有關，至於如何應對，就要看每位媽媽的智慧了。

ＢＯＳＳ媽媽在媽媽友中是個重要的角色，她可能特別有執行力，會規劃一些讓小孩樂在其中的團體活動，通常是讓人感謝與尊敬的。但同時，BOSS媽媽也有讓人比較擔心的地方，如果太有主見或是態度過度強硬，就會讓其他媽媽們有壓迫感。或是一個團體中同時出現兩三位BOSS媽媽，而她們的理念又不合的時候，這個媽媽友團體就會出現分化，而這種小團體之間互相明爭暗鬥的過程其實是非常消耗能量的，真的很像上演古代宮廷劇。

豆豆念幼兒園的三年間，我認識了一位個性非常溫柔、時常給我鼓勵的媽媽友，也曾經歷某位BOSS媽媽的可怕控制，最後自己想盡辦法解套。身為「外國人媽媽」這個角色，很容易被安排在奇妙的關係位置圖裡，在不願意逼迫自己接受一些不喜歡的事時，也比較可以跳脫框架逃走，或是委婉拒絕。

先說說我遇到的BOSS媽媽好了。這位BOSS媽媽是一位非常愛小孩，擁有大量育兒知識，意見非常鮮明，但同時擁有控制欲的媽媽。她時常掛在嘴邊的口頭禪是「我真的好愛工作啊！可惜生了小孩無法兼顧工作，只好把我在工作上的才能全部用在育兒上了！」

和她在一起的時光是很充實的，博學多聞的她時常分享許多日本文化小知識給我，也不吝嗇地把她的育兒經驗和知識分享給大家。可是，遇到幼兒園需要媽媽們一起參與活動時，就苦不堪言了。這位ＢＯＳＳ媽媽會積極地分配大量而且不太合理的工作給大家，並且要求根據她的標準和方式來執行。

ＢＯＳＳ媽媽對媽媽友們恩威並施，時常請大家喝飲料、送各式各樣的伴手禮，但也會用不太禮貌的方式和大家比較，一心想占上風。例如「我的小孩學習能力比你家小孩好」、「我們家的社經地位比你們高」，我也在媽媽們中被她當作開玩笑的對象，例如她時常說：「這個只有日本女生懂，外國人絕對不懂，不信大家問豆豆媽媽！」或者取笑我的日文發音不夠標準。

其實我也看得出來其他媽媽們心中的不滿與無奈，但大家絕對不會私下討論，因為她們堅信「在媽媽友小社會中，說別人壞話就是挖大坑給自己跳」。所以，大家都用自己的方式漸漸與ＢＯＳＳ媽媽保持距離，但神經大條的我很晚才發現，直到後來被ＢＯＳＳ媽媽完全纏上了。

「我家孩子說，妳家豆豆想來我家玩，這週哪幾天好呢？」

「妳不是每天都固定時間和豆豆在公園玩嗎？今天怎麼不在了？想和你們一起吃晚餐呢！」

「聽說你們每星期四都在這裡上課呢！我們也報名了同一堂課！」

BOSS媽媽總是用小孩當藉口和我們拉近距離，但又時常在說話時有各種冒犯。我實在搞不清楚她到底是喜歡我們，還是討厭我們？但總有一種很不舒服的感覺。

某天，另一位豆豆幼兒園同學的媽媽約我們週末去公園玩，我實在忍不住，就詢問她這件事。

「哇！原來BOSS媽媽也對妳下手啦？其實我也正在煩惱這件事呢！」

「所以，這樣的事是完全不能找學校其他媽媽討論的嗎？」

「當然啦！這要是傳出去，是非常嚴重的事呀！距離孩子畢業還有三個月呢！」

「那我找妳討論是不是造成妳的困擾了？真是太抱歉了！」

「不會！這是日本很獨特的文化，我想外國人的妳一定一頭霧水吧！我的想法是BOSS媽媽其實只是太孤單了，但是她這樣與人來往的方法，真的讓人很有壓力。我仔細觀察還和她往來的人，大概就是個性比較不會反抗的人吧！其實我自己也是其中一個呀！」

「那要怎麼辦呢？」

「像忍者一樣靜靜的逃走呀！用妳可以想得出的各種創意和錦囊妙計來自保啊！千萬不要和她正面衝突，但既然她讓你不舒服了，就逃吧！而且孩子再三個月就畢業了，我們都加油！以後孩子上不同小學，就算再遇到，也沒有同校的壓力了！」

這位媽媽教了我不少小祕訣，例如不要天天在同一個時間去同一座公園，以防暴露自己的行蹤。如果不小心遇到BOSS媽媽，她又想要說別人壞話或是一些冒犯的內容時，就傳簡訊給朋友，請對方打電話給自己，或說我有急事必須要走了。

後來，我漸漸地和BOSS媽媽拉開了距離，並且和這位教導我戰略的媽媽有了更密切的往來。我很感謝她當時沒有忽視我的求救信號，即使豆豆幼兒園畢業之後，我們都還保持著聯繫。

所以，媽媽友究竟是不是朋友呢？我想，最終還是要看是否個性及價值觀與自己相近吧！如果彼此志同道合，真的是一件難能可貴的事。

自從豆豆上了小學，不必親自接送後，不管是和老師或其他同班同校的媽媽們，交流的機會都變少了。就算偶爾有交流的機會，我也都用一種隨緣、不使力的態度去對應。

在日本社會中，懂得掌握到和媽媽友之間的界限、保持一些安全距離後，我的心情真的放鬆了許多，但願在豆豆小學六年中，我們母子都可以平安順利地度過囉！

（雙手合十）

23

少年足球團最強後援會

在日本的育兒生活中讓我學習到的事非常多，例如豆豆就讀幼兒園時期的「懇親會」和「謝師宴」，爸爸媽媽們必須一起同心協力，舉辦活動。小學時期的ＰＴＡ（家長教師會），由於豆豆念的學校有使用集點卡政策，不管是當導護媽媽、運動會或祭典的時候負責活動、幫學校刷洗游泳池等，都可以得到點數。總之，爸爸媽媽需要參與的活動非常多，所以與學校老師和同校家長之間的交流機會不少。其中，以學校或是地方政府所組織的社團活動，也非常需要家長們的參與。

因為我公公和枝豆都曾經是足球隊隊員，公公甚至一路踢到八十八歲。因此，當豆豆出生後，自然而然就走上足球之路了。

豆豆從幼兒園小班開始就加入了附近小學的足球隊，每週六會到小學練球一次。幼兒園時期大多是玩票性質，練習一些足球基本動作，另外也會舉行分組比賽，讓小孩們建立團隊與競賽的觀念。許多同伴就這樣一起從幼兒園一路踢到一起上小學，很幸運地，他在入學前就擁有一批熟識的運動夥伴。

從小學一年級開始，足球隊就正式命名為「少年足球團」了。踢足球不再是玩票性質，而是真正用「選手」的態度來面對這項運動。每週光是基本的練習就有三天，包括平日下課後的九十分鐘以及週末練習；週末的時間大多也是在和東京都內各小學比練習賽，每年春、秋季還會有區域大賽。

教練常常叮嚀每一位小選手：「每天一定都要碰到

球，和足球做最好的朋友。」每一位小選手都擁有自己的足球包，隨時把足球背在身上。豆豆每天早上上學前都會練習十五至三十分鐘，一週基本的三日練習外，也會和同學約在家附近的公園練習，大家都非常熱衷。

所有參加少年足球團的選手的爸爸們，必須要去上裁判課程，在各種比賽中擔任裁判。另外也要負責幫場地畫線、搭帳篷，準備桌椅給選手和教練等。媽媽們則是負責照顧選手的身體狀況，當選手們受傷時幫忙急救，比賽時擔任啦啦隊，比賽結束後負責收拾打掃場地等工作。

老實說，少年足球團的認真程度，還有爸媽需要參與的程度，一開始都讓我非常驚嚇。「他們不是才小學一年級嗎？每個週末都要練習，還有時間玩嗎？爸爸媽媽真的可以這樣撐完小學六年嗎？」這一切對我來說是很大的文化衝擊。

豆豆小一上學期時，某個週末，我因為育兒與工作的雙重疲累，心生放棄的念頭。

不過，就在我感到煩惱不已的時候，在安親班遇到一個兒子同樣參加少年足球團的媽媽，不過她的孩子已經六年級了。

「聽說豆豆也參加了少年足球團，我們家大兒子也是呢！」

「您的孩子就從小一一路踢到小六嗎？」我問。

「是呀！」

「那我可以偷偷問一下，難道每週這樣持續練習比賽，不累嗎？」

「很累很累呀！我也好多次都想放棄了呢！但是還好沒有放棄，兒子在足球團真的交到了許多熱愛足球的好夥伴，甚至高年級課業比較重時，他們還會相約去踢球紓壓。我想讓兒子加入少年足球團，真的是在他小學時期所做的最棒的決定了！」

這位媽媽的話給了我很大的力量，我決定再努力一下下，繼續觀察豆豆的足球隊生活。

就這樣，每週不間斷地看著豆豆練習與比賽，我漸漸看出興趣來了。足球教練把每位小一學生認真地當作選手對待，每次比賽前都會不厭其煩地與大家解釋戰略，分析對手的強項、弱項；每次比賽完畢，他也會請大家推舉出當天比賽中表現最努力的球員，並且請每個人說說自己表現好的地方，以及還可以加強的地方。

教練沒有把他們當作孩子，而是把每一位球員都當作正式選手來對待。

還記得剛開始參加練習賽時，豆豆的足球隊並沒有表現得特別好，每次對手一得分，大家就會顯得垂頭喪氣。

「教練，那一隊很強啦！我們一定會輸啦！」

「就算今天這一場比賽會輸，也不代表永遠都會輸啊！而且就算輸了，也要認真的輸，要讓對手記得，我們也是非常難纏、非常強勁的隊伍，絕對不要隨隨便便的輸，好嗎？」

「不要放棄！球被搶走了沒關係，搶回來就是了。被得分沒關係，我們也要得一分。每一次都用盡全力防守，每次都用盡全力射門！好嗎？」

即使觀看了幾十場豆豆球隊的足球比賽，每一場都很精彩。當我看著其實還稚氣未脫的一年級小選手們，不管跌倒幾次都會立刻爬起來戰鬥，眼神中充滿熱情的樣子，真的覺得好感動喔！

「他們還只是一年級的孩子呀！有必要那麼認真嗎？有需要接受那麼嚴謹密集的訓練嗎？」

在不久之前，我還存有這樣的疑惑。但看到豆豆每天一早會自動自發地練球，也喜歡約朋友一起去練習，每次比賽只要得分就會開心到尖叫的樣子，我突然領悟到「快樂是自找的，是要自己努力去成就和感受」，這個想法真的很棒。

不知道豆豆的足球生活會持續到幾歲，但我會一直持續參與，因為每一場比賽都能看到豆豆的成長，也可以看到他如何在團隊中確認自己的位置，與隊友們建立信賴關係和友誼。漸漸地，我開始懂得日本教育為何鼓勵家長參與學校的大小事，因為老師、教練和家長們也是隊友的關係，可以從不同的視角看到孩子需要協助的部分，然後一起前進，共同教育孩子。

少年足球團，繼續加油！我會是你們最強的後援會！

¥500
¥400
350円
コーラ
オレンジ
宇治
ぶどう
¥350
レモン
トロピカルピーチ
メロン
カルピス
¥400

24

MIHO老師的插花課

朋友問我有沒有興趣週末一起去參加插花課。

「我去了一次很喜歡，想問妳有沒有興趣一起參加？」她丟了插花課的官網連結給我。

雖然對插花這件事完全沒有概念，但覺得偶爾挑戰一點育兒生活之外的事，似乎也滿不錯的。於是就問了先生，哪個週末可以幫我照看孩子，讓我一個人去參加。

插花課和我想得不太一樣。教室就是一間位於表參道公寓三樓的白色小房間，空間不大，但有一面採光很不錯的窗戶。我們按了門鈴走進去，教室裡面有一張大概是四個人可以共用的長型大桌，另外一張桌子則是擺滿了花瓶和花材。一走進那個白色小房間，就嗅到各種植物分別用不同的香氣和我們打招呼，即使我完全不知道它們的名字。

負責課程的ＭＩＨＯ（岡本美穗）老師，是一個很有元氣、很隨性的日本女生。如果要用花朵來形容她，我會說她是那種像是向日葵型人物，感覺身心都很健康、很有毅力。

我總共上了兩堂插花課，第一堂是花束課。

「今天要介紹給大家秋天的花材，有雞冠花、波斯菊、大理花，以及藍莓葉等。」

ＭＩＨＯ老師一邊去除不需要的雜葉，一邊教我們如何把花的底部修剪成容易吸水的吸管狀，並且和我們閒聊著。她知道我和朋友是外國人後，聊到自己去法國學插花、學法語，以及融入當地的過程。

「握著花束的力道，像是握著一個生雞蛋那樣，不要太用力，將花束螺旋狀排列，這樣花束就能很自在地散開來。」

「首先，先讓每朵花和葉子對話，可以想像它們被風吹拂的樣

子，在什麼樣的光線下會有什麼樣的動作。不要預設構圖，總之，就是觀察每朵花的形狀和生長方向，然後用自己喜歡的樣子去排列看看。」

將花束螺旋狀排列其實不需要太多技巧，而是要仔細觀察花朵的生長方向，並且與它們對話。但是，加上想像力來排列，對我來說有些陌生。

我仔細觀看每一朵花，想像它們在大草原上的樣子。誰可能會彎著腰，誰可能挺直著身體，如果有誰突然在草原演奏歌曲，它們是不是也會開心地搖來搖去……

我一邊想著，一邊忍不住開心了起來，就哼著歌，把花束給排列好了。

上完課，我們四個一起上課的女生，把作品一字排開欣賞。很有意思的是，明明是一樣的花材，可是看起來卻截然不同。有人的花束看起來小巧可愛又精緻，有人的花束很拘謹，一絲不苟，有人的花束看起來有種天真的童趣。

「妳的花束很不受拘束，看起來充滿活力的樣子。」

ＭＩＨＯ老師幫我把花束包起來的時候，給了我這句評語。

最後，我和朋友捧著花束，開心地在表參道上走走又拍拍，覺得花好神奇，好像是對我們施展了快樂魔法一樣。

第二堂課，是幾個月之後的聖誕花圈製作。

ＭＩＨＯ老師準備的花材和我想得很不一樣，桌上擺滿了幾種常綠樹葉，帶著白色果實的樹枝和一朵像是金色羽毛的花，沒有我心目中刻板印象的繽紛花朵。

「關於花圈的大小還有形狀，完全不設限喔！請大家一邊觀察植物，一邊感受自己的心吧！」她說。

這次，我好像比上一堂課更能和植物溝通了，整個教室裡散發著森林般的香氣，我彷彿聽到桌上的常綠樹葉門在呼吸，還有交談著。帶著白色果實樹枝的名稱是carrotwood，有點類似無患子果實。它看起來很可愛，搭配著常綠樹葉，看起來好像一串白色小鈴鐺。金色天鵝絨質感的樹葉很高貴、很有魔法感，「ＭＩＨＯ老師平時除了經營花店，也時常幫日本雜誌或品牌廣告搭配花材，所以花費很多心思在尋找獨特的花材吧！」我想。

我一邊想像著自己在一座很大、很深邃的森林中散步，一邊剪啊繞的，就做出了一個出乎自己意料的狂野大花圈。

「妳的作品總是很大膽又狂野，很有生命力喔！」在幫我把花圈加上可以掛的麻繩時，ＭＩＨＯ老師又給了我這樣的評語。

「據說自己做花圈可以得到好運喔！因為圓形有持續的意思，而常綠樹象徵著滿滿的生命力。」老師一邊祝福我們新年快樂，一邊把花圈交到我們每個人的手裡。

我非常喜歡ＭＩＨＯ老師的插花課，可以學到植物的種類、基本的插花知識，回到家還可以和美麗的花花草草相處兩三週，讓家裡氣氛愉快明亮起來。

此外，我覺得植物好像是媒介，讓我們展示出最真實、沒有包裝的，原來的自己。而ＭＩＨＯ老師從我們的作品中，一眼就看穿了。

大膽、狂野、不受拘束這些特質，其實是我時常不自覺會想要隱藏起來的部分。也許是擔心這些特質會讓人覺得在日本社會生存顯得不夠謹慎，或是身為媽媽的我不夠深思熟慮。

「不要設限，去和自己的心對話，去觀察花和葉子的姿態，去想像它們被風吹拂的模樣……」這幾句話，彷彿讓我的自我認知以及靈魂可以重新對焦了。

去觀察、去理解、去接受，並且去喜歡自己原本的樣子，再加一點想像力，然後理所當然地展現自己的姿態，這是我從MIHO老師的插花課學到的功課。

東京
tokyo

溫柔
gentle

時光
moments

25

東京的擁抱

雖然好像不是什麼大不了的事，但我想紀錄二〇二二年讓我印象深刻的兩件事。

某天下雨，我急著要去接豆豆放學，還來不及穿上雨衣，就慌慌張張地跳上腳踏車。在十字路口等紅燈時，一位老婆婆突然湊到我身邊來。

我已經習慣了東京人的距離感，只要有人太靠近，不免充滿防備。「她是要問路還是要幹嘛，為什麼離我這麼近？」我心想。

只見她眼睛瞇成一條線，對我微笑說：「我幫妳撐傘吧！」

那個紅燈有點久，她就挨著我的腳踏車，一直撐著傘，自己左邊的肩膀都淋濕了。

「我沒關係呀！妳幫自己撐傘吧！左邊的衣服都淋濕了呢！」我指了指她的肩膀。

「沒關係呀！也就只能幫妳撐一個紅燈的時間而已啊！」

後來在櫻花滿開時，我又在神社與老婆婆巧遇。可以很快地認出她的原因，除了聲音之外，還有那個眼睛瞇成一條線的招牌微笑，我想是她給人的「距離感」。

她很自然地就靠近了站在櫻花樹下的我，很自然地交談起來，完全沒有因為我們素昧平生，所以保持安全距離的生分。

當下我意識到一件事，這幾年來我總認為，為了成為一個「更適合生活在東京的人」，而刻意讓自己抱持理性，和他人保持距離。但其實只要有一個人願意付出小小的溫暖，這個看似冷漠的城市，也可以變得更有溫度、更可愛。

另外一件事，則是關於豆豆幼兒園班上的媽媽友。

對於媽媽朋友，我總是盡量保持著若即若離的距離，不確定何時會發生什麼事，所以有點距離比較安全。

豆豆和小水滴媽媽的女兒，從小班到中班都是同一位導師，一直到大班才分班。那位班導師人非常好，對待小孩很用心，老實說，看到分班表時我非常難過，又不想在孩子面前表現出來，就悶在心裡。

當天下課帶著豆豆去公園，想著這件事，我又心情低落了起來。只見遠方有個人影大聲地喊我，接著用跑百米般的速度衝了過來，給了我一個擁抱。

「不好意思，可以讓我擁抱一下嗎？我想妳一定可以懂我的感覺吧！」小水滴媽媽說。

她的擁抱來得很突然，讓我感到不知所措，可是又好像融化了我心裡面的什麼似的。

「對不起！我平常很少這樣，可是我覺得妳是一個很溫柔、讓人可以放心的人，所以請借我擁抱一下好嗎？」小水滴媽媽繼續說著。

還有另外一位偶爾會在公園一起溜小孩的日本媽媽，有天我隨口和她聊了一下自己的小小煩惱。

「就快要畢業了，可是我的小孩制服都快穿不下了，又要多花錢了呢！」

結果，隔天豆豆帶回家的書包裡面，竟然放了一套二手制服，上面還有一張小紙條。

「之前有位媽媽在兒子畢業後，將這套制服送給我，但對我的孩子來說還是比較大件。如果不介意的話，請給豆豆穿吧！」

這個舉動讓我頓時心裡好暖好暖，直到現在，只要想起這件事，心中就充滿無限感激。

回想剛到東京的那幾年，想要在這裡交朋友，想要融入當地社會，卻因為「溫度差」而處處碰壁。幾次受傷之後，我盡量表現得理性，甚至有些距離感。然而，過了幾年之後，我因為當了媽媽，竟然被動地與這社會拉近了距離。

我想，東京住著各種各樣的人，每天都有著各式各樣的故事上演。我已經無法隨意用「冷漠」或「很有距離」來片面地形容東京，而是更期待在這個城市裡與各種有趣的緣分相遇。

謝謝為我撐傘的老婆婆、小水滴媽媽，也感謝送給我制服的媽媽友。她們都為我帶來了可以在這個城市好好站穩腳步的自信，也讓在這個城市生活的我更願意為他人付出。

這是住在東京十二年之後，我得到最棒也最珍貴的禮物。

26

以形入心的生活哲學

某天讀《MJ日經新聞報》時，發現最近「桑拿帽」在日本大賣。我問枝豆：「你知道桑拿帽究竟有什麼用途嗎？為什麼最近桑拿突然又流行起來嗎？」

「我不知道桑拿為什麼突然流行起來耶！但我猜想會想要桑拿帽的人，大概是想要展現自己的桑拿流行穿搭吧！畢竟在桑拿室裡什麼都不能穿，只好使用桑拿帽來展現自己的美感。」

「所以，即使是在桑拿室這種地方，也要考慮到穿搭嗎？」

「也許還有展現美感之外的功能吧！但我猜很多人都是抱持著『總之，我想要展開桑拿生活，所以必須要有一頂好看的桑拿帽子才行！』的心情買下的。」

「難怪在日本很多看似不需要的商品都會突然大賣耶！這中間藏著好多祕密，也許那些商品剛好滿足了日本人對於生活中那些小小的自我滿足感吧！」

「妳知道在日本，這種不甚明白、但先入手再說的文化有一個特別的詞彙嗎？」

「不知道耶！叫做什麼？」

「叫做以形入心（形から入る），總之，先做出有那麼一回事的樣子，然後再慢慢去了解背後的意涵。」

「啊！我在電影《日日是好日》中聽過這個詞，電影中的女主角典子一開始也不明白，為什麼茶道要講究這麼多細節？但隨著人生的閱歷增加，才感悟出那些細節以及動作背後的用意呀！原來，這對日本人來說真的是很重要的生活哲學。」

「是呀！妳只要仔細去觀察，會發現以形入心在日本人的生活中真的隨處可見喔！」

放下報紙後，我忍不住立刻搜尋起「桑拿帽存在的意義」，以及為什麼最近桑拿在日本會突然流行起來的理由。

統整了一下日本網路上的情報，桑拿帽有避免桑拿過熱、熱氣傷害頭皮和髮質的作用，確實也有人會特別挑選符合自己美感的款式。

至於最近為什麼桑拿突然流行起來的理由也很有趣，隨著日劇《桑道》以及漫畫《湯遊Wonderland》的出現，日本年輕人漸漸對桑拿改觀，桑拿一改給人「中年大叔」的印象，變成一種時髦又健康的活動。而且進入桑拿室就必須暫時與手機、電腦告別，對於某些人來說是個可以同時排除身體毒素，又可以讓自己戒斷網路的放空時間。

「原來如此！連我都想要一頂桑拿帽了呢！」

我自己的生活中其實也有許多「以形入心」的事發生，而且是在日本生活了超過十年才發現的。曾經在雜貨店買了一個可愛的防水小提袋，但老實說，一直不知道它的用途，就把那個小提袋放在衣櫃深處。後來我漸漸地迷上在東京泡錢湯，拜訪了好幾家錢湯之後，才赫然發現，當年買的那個小提袋是日本女生很愛用的「溫泉專用小提袋」。

「原來是溫泉專用小提袋，所以才需要使用防水材質呀！原來日本女生去錢湯或是去泡溫泉，也會準備自己愛用的沐浴用品和小毛巾呀！因為錢湯和溫泉裡沒有掛鉤可以掛袋子，所以設計成可以自行站立的硬體包款。哦！在溫泉中使用的小毛巾，就可以放在這個溫泉小提袋帶進去了呢！」

當我終於了解這些溫泉小常識後，被我冷凍好多年的溫泉小提袋，突然之間復活了。現在不管去哪裡，我一定都會帶著它，放入自己精心準備的沐浴用品，而且提著它去泡溫泉或是錢湯的時候，都會有種「我也是個溫泉達人」的小小滿足感。

原來，這就是以形入心的樂趣呀！只有「形」太空虛，必須要為那個外殼填滿靈魂，才能變得有趣，彷彿為物品注入靈魂一樣，很有意思。

其他在生活中發現「以形入心」的例子還有很多，例如穿了好多次和服之後，我才漸漸明白和服花樣所表現的四季魅力，自己的個性適合什麼樣的顏色，以及怎樣的妝容和髮型才能與和服相襯。打掃和做料理也是一樣，日本有許多有趣的清潔和料理用具，讓人漸漸對於打掃和做料理著迷。

露營也是如此，一開始我不太確定到底需不需要的露營桌椅、遮陽棚都在幾次露營之後，感受到它們的存在意義。

寫這篇文章時，突然想起之前曾和枝豆接待過一群來自瑞士的藝術家，帶著她們一起探索日本的「卡娃伊（可愛）文化」。我們去東京迪士尼樂園，去玩拍貼機，又到秋葉原女僕咖啡店研究了一番，再到原宿街頭調查年輕女生們喜愛的可愛雜貨店。

「為了可以真正在這些地點和事物感受到『可愛』，首先，我們需要建立基本的 Literacy（對於某個範疇的認知能力）。」

「例如去迪士尼，如果不知道那些故事，不認識那些角色，就不會有所感動。如果沒有看過日本的動漫，到了秋葉原可能只會覺得來到外太空。總之，我們必須先一點一點地認識日本的文化，才能感覺到日本卡娃伊文化中真正的可愛，才有辦法達到共鳴。」

她們說的這段話讓我印象相當深刻，後來在日本生活的每一天裡，我也會提醒自己，若要真正「享受」日本文化的醍醐味，必須要一點一滴地，先去認識與理解這個文化，建立起專屬於自己的探索引擎。

也許她們所說的 Literacy，就是用來填進「形」裡面的靈魂吧！

大家的生活裡，也有什麼「以形入心」的有趣經歷嗎？

27

隱形結界思維

在日本居住的十多年來，我發現自己練就出了「辨識結界」的技能，而且也因為這個技能，似乎讓我在日本社會中生活、與人來往的時候，比較順利了一些。畢竟，日本是一個到處都充滿結界的國家。

第一次聽到「結界」這個詞，是到京都旅行的時候。當時誤打誤撞地拜訪了供奉以製作結界文明的陰陽師安倍晴明的「晴明神社」。我對於陰陽師、結界究竟是什麼完全沒有概念，覺得大概就是神佛系日本漫畫中會出現的宗教用語吧！只記得當時買了一個五芒星結界造型的御守回家，心想著「總之，帶著這個御守，就能達到祛魔還有除厄運的功效吧！」

稲荷神社

後來因為採訪工作的關係，在日本拜訪了眾多寺廟，「結界」這個詞就更常在我耳邊出現了。進入神社時，必須在鳥居虔誠地敬禮，因為鳥居就是神域與人間的結界。神社掛著的注連繩，也是區分神明與世俗的結界。皇居外的護城河是結界，圓形的山手線據說也是結界。從古至今也有不少人相信，東京就是因為有陰陽師們製作的強大結界保護，才能躲過颱風等天災的侵略。

結界，簡單來說就是「界線或是保護罩」的概念，適用於自然、地理區域、隔間與人際關係。它可以是一根繩子、一張紙、一扇門、一些石頭，甚至也可以是無形的意念。結界的存在同時也象徵著人們對於天地鬼神的敬畏，其實在日本住久了就會漸漸理解，在這個充滿天災、生存不易的自然環境裡，人們必須要很謹慎地區分出對「安全」以及「危險」的界線，才能好好地生存下去。

人際關係的結界

自從意識到結界的存在後，漸漸地，我發現在日本的日常生活中，也存在著許多有形與無形的結界。例如日本的筷子之所以橫擺，是因為它正是「大自然的所有物」以及「我的食物」之間的結界，所以日本人吃飯會先舉起筷子這個結界，然後虔敬的說出「我領受了！」（いただきます！）這句話才開始進食。

別人家的玄關是結界，所以到別人家拜訪時要說「不好意思，我打擾了你的領域了！」（お邪魔します！）其實第一次看到日文中的「邪魔」兩字，我實在不明白，只是拜訪別人的家，到底誰邪了？誰又是魔？但若套入結界的概念思考其實不難理解，在我所認定的安全領域之外的，都是邪魔。所以每年到了二月的「節分撒豆節」，大家也會從家裡往外撒豆子，一邊說「福往內，魔往外」；日本人家的門也是結界，不是隨隨便便就能說出「我可以去你家玩嗎？」這種不經思考就任意破壞結界的話。在空間的使用上，日本也運用的大量的結界思維。例如緣廊是室內外空間的結界，和式拉門是用來區分空間範圍以及空間用途的結界。

人際關係中無形的結界也很多，「敬語」是我把你視為比較不熟的人，請不要太靠近我的結界。其實在疫情期間，許多日本人也把口罩當作一個結界。時常聽到有人說：「太好了！因為戴著口罩，我可以理所當然地不與人談話，而且也不用一直微笑，真是太好用的結界了！」

剛移住到東京的時候，因為摸不清人與人之間的界線感，對結界也完全沒有概念，總覺得東京人好有距離感、好冷漠，如今我突然發現自己也慢慢地長出了「邊界感」，似乎也不是壞事。每當我想要在安全範圍內專心做自己的事情時，也會為自己立下「結界」，例如暫時關閉手機電源、暫時拒絕他人的邀約。而和別人往來時，我也盡量去觀察和理解對方的結界範圍，例如「對話的安全範圍」、「相處時間長度的安全範圍」等等。以前這些讓我摸不著頭緒的隱形界線，終於像是駭客任務中發亮的紅外線一樣呈現在眼前，我終於可以盡量不去誤觸界線，不花費過多情緒成本，在這個城市中帶著自己的結界生存下去了。

「結界」這個詞源自於佛教，據說一開始是為了限制和尚們的活動範圍，避免產生過失行為，同時也有益和尚們在法力可及的聖域內專心做修行。

而沿用到今天，我覺得結界也可以是「保護自己」與「尊重別人」的人際界線概念。我可以尊重別人的選擇人際距離感，尊重別人的價值觀，因為我們本來就是不同的個體。為了保護自己，我也可以劃出自己不想被侵犯的神聖領域。我們都可以自帶鳥居，打造出你我最舒適的距離。

另外，商店的暖簾，還有日本寺廟會擺放的結界石，以及飯店在空間內所放置的三角錐形盛鹽，甚至在神社敬拜神明時的「拍手」（聲音結界，據說可以清除邪氣）其實都是結界的一種，大家到日本旅遊時不妨觀察看看這些有形和無形的結界吧！其實非常有趣喔！

東京
tokyo

溫柔
gentle

時光
moments

28

自我使用說明書

某個早晨，我正在準備早餐，枝豆和豆豆在旁邊嬉鬧著。我一邊將烤魚盛盤，一邊關上滾著味噌湯的瓦斯爐，電鍋的白飯冒出的白煙把我的眼鏡濛上了一層白霧。

「你們兩個洗好臉了嗎？快點準備坐好吃飯了。豆豆今天要記得帶體育服，媽媽下午三點會接你去上游泳課。爸爸的襯衫已經熨好了，西裝外套要記得帶不要忘在玄關……」我像是祕書一樣，向他們報告完行程後，又再三確認了今天全家三人的完整行事曆，然後趕緊開始整理家務，一邊打理自己。

對著鏡子整理頭髮時，我仔細地檢查頭髮有沒有梳得整齊，是否有些小雜毛會讓自己顯得沒精神，此時枝豆從我身後出現，對著鏡子扮起了鬼臉。

「從前那個慵懶又大而化之的女生，現在已經是個手腳非常俐落，做事很謹慎的媽媽了！」他笑著說。

「那個總是皺著眉頭在思考的枝豆，不僅話變多、表情變多了，也不像以前那樣敏感，在意那麼多小事情了。」我心想。

此時此刻，我突然驚覺，我們兩人的部分靈魂是不是互相交換了？如果有機會請二〇一一年的我和現在的我相會，彼此肯定都會嚇得說不出話來吧？

「也許這就是潛移默化吧！我還滿喜歡全新的自己，那妳喜歡新的妳嗎？」

「我喜歡現在的我嗎？」這個問題在枝豆提出之前，老實說，我沒有認真思考過。但我似乎是為了順應現在的生活節奏和方式，多出了一些以前沒有的特質。

「嗯，我喜歡自己做事變得有計畫、有效率，我覺得自己謹慎確認的習慣，減少了出錯的機率。我喜歡自己現在可以更深入地思考……嗯，但有時候想得太多了，會覺得有點累、有點頭痛。我喜歡自己比以前可以觀察到更細微的事，但我希望自己神經可以不要太緊繃，學會放過自己。」

某天我帶著豆豆一起去看江戶人形懸絲人偶劇的表演，我本來以為日本與歐美的懸絲人偶大同小異，後來經過表演者的展示與講解，才發現其中蘊藏著許多不同的文化與價值觀。

歐美承襲自法國中古世紀的人偶，大多是以一根橫軸綁上十幾條的絲線來控制人偶的每個部位。也就是說，人偶的「主軸」就是表演者想要展現的「自我」。人偶的每個動作都很明確，也可以從臉部表情來展現喜怒哀樂，觀眾可以清楚地接受到人偶想傳遞的訊息。

日本從江戶時期流傳至今的人偶，是以多根短軸綁上十幾條的絲線來操縱人偶。人偶基本上沒有臉部表情，但是身體動作非常纖細講究，連指尖都能控制。日本人偶男女有別，例如女性人偶強調腰間擺動，男性人偶則強調腿部的活動設計。日本人偶想要展現的「自我」比較沒有那麼強烈，情緒大多藉由身體的微小動作來傳遞。觀劇者的感想大多時候來自我的情感投射，比起歐美的人偶所想要傳達的情緒，日本人偶的表情相對地顯得內斂幽微。

看完這齣人偶戲，我似乎可以稍微將這十幾年來在東京的靈魂轉換過程具體化。我先把一個大大的我，分成了好幾個順應各種社會角色的我。妻子的我和母親的我，在與人對應時會展現不同的性格，而在工作時或朋友面前的我又是另外一個模樣，而且每個我的分界比以前更分明。

我的情緒變得內斂許多了，更多時刻，我會細細觀察感受對方的動作和說話內容，才決定要用什麼樣的方式應對。

雖然我的表情變少了，但情緒卻變得更細膩了，腦中活動變得更忙碌了。感覺「我」就像是個上演許多戲碼的小劇場，但是觀眾席上只有自己，謝絕其它訪客進入，而且隔音效果絕佳。光是發現這個轉變，對我來說就是一件不可思議的事，因為我竟然可以隨時像是離開自己的身體一樣，用第三者的客觀角度來仔細觀察自己了。

日語中的句子很少提到「我（私）」這個字，說著說著，我也很少再提起自己了。或許真正的自我是屬於自己的祕密，一個真有必要探究時才會思考的問題。

「那麼，我喜歡現在的自己嗎？」這個問題也許並不好回答，也許我必須學會喜歡每個階段的自己。但是現在的我似乎比以前的自己更有自信，可以更客觀冷靜地去面對和接受自己的各種情緒起伏，也比較不會被別人的情緒波動給牽動和影響了。

想起剛到日本時，對於面無表情的日本人時總是充滿疑問。

但是，現在我懂了，他們也許正在很專注地寫下自己的「自我使用說明書」，或是坐在自己隔音超好的私密小劇場中，一個人享受各種高潮迭起的人生故事吧！

東京
tokyo

溫柔
gentle

時光
moments

29

東京非日常

還記得二〇二〇年一月，我們一家人趁著新年期間拜訪了泰國，又順道回台灣一趟。我也很清楚地記得和台灣家人在松山機場道別，用很輕鬆的心情說著：「我們很快就會又回來了！」的那一幕。

後來才一下飛機，我們就接到電話，詢問全家人有沒有發燒或是咳嗽等症狀。打開電視，全是關於疫情的最新資訊、各地疫情現狀以及感染人數。東京的超市、藥妝店和便利商店內的口罩、米、面紙等民生用品瞬間都被搶光了。才剛上幼兒園的豆豆，立刻收到停課通知。我們想要去公園散散步，卻發現常去的公園都被封上了寫著「禁止進入」的鮮黃色封條。

東京
tokyo

溫柔
gentle

時光
moments

「太可怕了吧！這簡直就是個惡夢，但應該過幾個月就沒事了吧？」

然而，疫情嚴重程度遠超過我們的想像，我的採訪工作和枝豆的舞台表演工作幾乎全部都停擺，豆豆變成完全在家自學的狀態。在無法外食、完全無法向外尋找娛樂的狀態下，我們只好在家和豆豆一起練習做各種料理，無處可去時就去逛便利商店，或是開車在東京漫無目的地繞來繞去。

疫情改變了大家的交流方式，以聲音為載體的平台如 Clubhouse 和 Podcast 都瞬間受到大家的關注。和我一樣從事媒體工作的朋友有天問我，想不想要上她自己創立的 Podcast 節目當來賓？

「節目名稱叫做東京非日常。」她說。

「那要聊些什麼呢？」

「什麼都聊吧！聊些我們在東京的在地生活、感想和新發現，或是唸唸日本當地報紙也可以。」

還記得某天下午，我們就在我家的小房間裡用手機錄了第一集。

當時我們興高采烈地先召開了編輯會議，討論錄音時間多長、要聊些什麼話題。把內容上傳到Podcast平台後，很快地就收到大家的迴響。後來錄著錄著，錄出興趣來，我就變成了《東京非日常Podcast》的固定來賓，和朋友Show像是閒聊般用聲音紀錄我們在東京的各種發現和感受。

這幾天我又再次用聽眾的角度回顧之前錄的內容，發現聲音可以封存的情感記憶和文字照片很不同。當時工作量大減的我們，聲音聽起來很從容。我們聊到疫情搞不好是東京特產「滿員電車」的解藥，在家工作系統建立起來後，其實可以省去許多通勤的時間和體力。因為無法群聚，上班族再也不用硬著頭皮參加不想去的餐會應酬了。正在牙牙學語的孩子們，因為大人們都戴著口罩的關係，似乎無法辨識大家的表情和情緒之間的關聯，學說話的速度比較慢了。因為有了大量時間，朋友參加了各種與觀光工作關聯的考試，我也終於拿下一級精油檢定考的證書。因為全家人都在家，我也自然而然地把生活重心和關注角度都放在與家人相處與交流上。

也許疫情對我們來說最大的意義是，終於可以更深入看見事物的本質，並且去細細體會看似理所當然的「東京日常」，其實都有許多可以更深入探究的、有趣的部分。

寫下這篇文章的時候，已經是二〇二三年的夏天。豆豆已經從幼兒園畢業，上了小學；枝豆因為疫情減緩，必須大量在國內外出差，變得非常忙碌；而我的採訪工作也再次運轉了起來。朋友 Show 幫《東京非日常 Podcast》換了比較愉快明亮的背景音樂，也設計了新的 Logo。我又開始頻繁地外出，也陪著豆豆建立全新的社交生活，現在回想起這一切，都覺得很不可思議。

就像偶爾會因為懷念昭和復古風味而特地跑去逛商店街一樣，我偶爾也會在搭電車或是做家事時回放疫情期間錄下的內容，然後回想那段似乎沒做什麼有意義的事，但卻是東京生活中非常有意義的三年；看似帶點痛苦，其實是讓自己學會對待自己與他人溫柔的一段時光。

如果大家也想和我們一起感受每個時期不一樣的東京，想聽聽東京夏天的蟬鳴，了解東京報紙的頭條新聞，想知道東京人最想住哪裡，工作和生活有什麼新的模式，他們的價值觀是否漸漸在改變，不妨打開《東京非日常Podcast》，用耳朵與我們一起神遊東京吧！

生活文化 83

東京溫柔時光

作者　明太子小姐
責任編輯　龔橞甄
美術設計　王瓊瑤
校對　劉素芬

總編輯　龔橞甄
董事長　趙政岷
出版者　時報文化出版企業股份有限公司
一〇八〇一九　臺北市和平西路三段二四〇號四樓
發行專線　（〇二）二三〇六六八四二
讀者服務專線　〇八〇〇二三一七〇五
（〇二）二三〇四七一〇三
讀者服務傳真　（〇二）二三〇四六八五八
郵撥　一九三四四七二四　時報文化出版公司
信箱　一〇八九九　臺北華江橋郵局第99信箱

時報悅讀網　www.readingtimes.com.tw
法律顧問　理律法律事務所　陳長文律師、李念祖律師
印刷　華展印刷有限公司
初版一刷　二〇二三年十一月三日
定價　新台幣四二〇元
（缺頁或破損的書，請寄回更換）

時報文化出版公司成立於一九七五年，
並於一九九九年股票上櫃公開發行，於二〇〇八年脫離中時集團非屬旺中，
以「尊重智慧與創意的文化事業」為信念。

東京溫柔時光 / 明太子小姐著 . -- 初版 . --
臺北市 : 時報文化出版企業股份有限公司，
2023.11
面； 公分 . -- (生活文化 ; 83)
ISBN 978-626-374-450-9(平裝)
1.CST : 人文地理　2.CST : 飲食風俗
3.CST : 日本東京都

731.726085　112016471

ISBN 978-626-374-450-9
Printed in Taiwan

tokyo
gentle
moments